VEGÁNSKA BIBLIA TOFU, SEITAN A TEMPEH RECEPTY

100 najnovších receptov z celého sveta, vďaka ktorým bude váš vegánsky a vegetariánsky život ešte bohatší

Gertrúda Litajová

© Copyright 2022 - Všetky práva vyhradené.

Nasledujúca kniha je reprodukovaná nižšie s cieľom poskytnúť informácie, ktoré sú čo najpresnejšie a najspoľahlivejšie. Bez ohľadu na to, zakúpenie tejto knihy možno považovať za súhlas s tým, že vydavateľ ani autor tejto knihy nie sú v žiadnom prípade odborníkmi na témy, o ktorých sa v nej diskutuje, a že akékoľvek odporúčania alebo návrhy, ktoré sú v nej uvedené, slúžia len na zábavné účely. Pred vykonaním akejkoľvek z akcií schválených v tomto dokumente by ste sa mali podľa potreby poradiť s odborníkmi.

Toto vyhlásenie považuje Americká advokátska komora aj Výbor vydavateľov za spravodlivé a platné a je právne záväzné v celých Spojených štátoch.

Okrem toho prenos, rozmnožovanie alebo rozmnožovanie ktoréhokoľvek z nasledujúcich diel vrátane konkrétnych informácií sa bude považovať za nezákonný čin bez ohľadu na to, či sa uskutoční elektronicky alebo v tlačenej podobe. Toto sa vzťahuje aj na vytvorenie sekundárnej alebo terciárnej kópie diela alebo zaznamenanej kópie a je povolené len s výslovným písomným súhlasom vydavateľa. Všetky dodatočné práva vyhradené.

Informácie na nasledujúcich stránkach sa vo všeobecnosti považujú za pravdivé a presné opisy faktov a ako také, akákoľvek nepozornosť, použitie alebo zneužitie predmetných informácií čitateľom spôsobí, že akékoľvek následné konanie bude výlučne v jeho kompetencii. Neexistujú žiadne scenáre, v ktorých by vydavateľ alebo pôvodný autor tohto diela mohol byť akýmkoľvek spôsobom považovaný za zodpovedného za akékoľvek ťažkosti alebo škody, ktoré ich môžu postihnúť po vykonaní informácií opísaných v tomto dokumente.

Okrem toho, informácie na nasledujúcich stránkach sú určené len na informačné účely, a preto by sa mali považovať za univerzálne. V súlade s jeho povahou sa predkladá bez uistenia o jeho predĺženej platnosti alebo dočasnej kvalite. Uvedené ochranné známky sa robia bez písomného súhlasu a v žiadnom prípade ich nemožno považovať za súhlas majiteľa ochrannej známky.

Sommario

ÚVOD 7

1. FAZUĽOVÝ TVAROH S USTRICOVOU OMÁČKOU 9
2. VYPRÁŽANÉ TOFU 11
3. FERMENTOVANÝ FAZUĽOVÝ TVAROH SO ŠPENÁTOM 12
4. DUSENÉ TOFU 14
5. ČÍNSKE REZANCE V ARAŠIDOVO-SEZAMOVEJ OMÁČKE .. 16
6. MANDARÍNKOVÉ REZANCE 18
7. FAZUĽOVÝ TVAROH S FAZUĽOVOU OMÁČKOU A REZANCAMI 20
8. TOFU PLNENÉ KREVETAMI 22
9. FAZUĽOVÝ TVAROH SO SEČUÁNSKOU ZELENINOU 24
10. DUSENÉ TOFU S TROMI DRUHMI ZELENINY 26
11. BRAVČOVÉ PLNENÉ TOFU TROJUHOLNÍKY 28
12. BRUSNICOVÉ PALACINKY SO SIRUPOM 30
13. SÓJOVO GLAZOVANÉ TOFU 32
TOFU NA CAJUNSKÝ ŠTÝL 35
14. CHRUMKAVÉ TOFU SO ŠUMIVOU KAPAROVOU OMÁČKOU 37
15. TOFU VYPRÁŽANÉ NA VIDIEKU SO ZLATOU OMÁČKOU . 39
16. POMARANČOVO GLAZOVANÉ TOFU A ŠPARGĽA 41
17. TOFU PIZZAIOLA 43
18. "KA-POW" TOFU 45
19. TOFU NA SICÍLSKY SPÔSOB 47
20. THAI-PHOON MIEŠANIE 49
21. PEČENÉ TOFU MAĽOVANÉ HRANOLKAMI 51
22. GRILOVANÉ TOFU S TAMARINDOVOU POLEVOU 53
23. TOFU PLNENÉ ŽERUCHOU 55
24. TOFU S PISTÁCIOVO-GRANÁTOVÝM JABLKOM 57
25. OSTROV KORENIA TOFU 59

26. Zázvorové tofu s citrusovo-hoisinovou omáčkou **61**
27. Tofu s citrónovou trávou a snehovým hráškom **63**
28. Dvojsezamové tofu s tahini omáčkou **65**
29. Tofu a eidamský guláš **67**
30. Sójovo- hnedé rezne snov **69**
31. Môj druh Meat Loaf **71**
32. Veľmi vanilkový francúzsky toast **73**
33. Sezamovo-sójová raňajková nátierka **75**
34. Radiátor s omáčkou Aurora **76**
35. Klasické tofu lasagne **78**
36. Lasagne s mangoldom a špenátom **80**
37. Lasagne z pečenej zeleniny **82**
38. Lasagne s čakankami a šampiňónmi **86**
39. Lasagne Primavera **88**
Lasagne z čiernej fazule a tekvice **92**
40. Manicotti plnené mangoldom **94**
41. Veterníčky lasagní **100**
42. Tekvicové ravioli s hráškom **102**
43. Artičokovo-orechové ravioli **105**
44. Tortellini s pomarančovou omáčkou **108**
45. Zeleninové Lo Mein s tofu **110**
46. Pad Thai **113**
47. Opité špagety s tofu **116**

TEMPEH **118**

1. Špagety v štýle Carbonara **118**
2. Tempeh a zeleninová praženica **120**
3. Teriyaki Tempeh **122**
4. Grilovaný tempeh **124**

5. Pomarančovo-bourbonský tempeh 126
6. Tempeh a sladké zemiaky 128
7. Kreolský Tempeh 130
8. Tempeh s citrónom a kaparami 132
9. Tempeh s javorovo-balzamikovou glazúrou 134
10. Lákavé čili tempeh 136
11. Tempeh Cacciatore 138
12. Indonézsky tempeh v kokosovej omáčke 140
13. Zázvorovo-arašidový tempeh 142
14. Tempeh so zemiakmi a kapustou 144
15. Južanský guláš Succotaš 146
16. Pečená džembalaya kastról 148
17. Tempeh a sladký zemiakový koláč 150
18. Cestoviny plnené baklažánom a tempehom 152
19. Singapurské rezance s Tempeh 154
20. Tempeh slanina 157
21. Špagety a guličky 158
22. Paglia e Fieno s hráškom 161

SEITAN 163

23. Základný varený seitan 164
24. Plnená pečená seitanová pečienka 166
25. Seitan pot pečienka 168
26. Večera vďakyvzdania takmer z jedného jedla 170
27. Seitan Milanese s Pankom a citrónom 172
28. Seitan v sezamovej kôre 173
29. Seitan s artičokmi a olivami 175
30. Seitan s ancho-chipotlovou omáčkou 177
31. Seitan Piccata 179
32. Seitan trojsemenný 181
33. Fajitas bez hraníc 183

34.	SEITAN S CHUŤOU ZELENÉHO JABLKA **185**
35.	MIEŠANIE SEITANU A BROKOLICE-SHIITAKE **187**
36.	SEITAN BROCHETTES WITH BROSKYŇAMI **189**
37.	GRILOVANÝ SEITAN A ZELENINOVÉ KABOBY **191**
38.	SEITAN EN CROUTE **193**
39.	SEITAN A ZEMIAKOVÁ TORTA **195**
40.	KOLÁČ Z VIDIECKEJ CHALUPY **197**
41.	SEITAN SO ŠPENÁTOM A PARADAJKAMI **199**
42.	SEITAN A ZAPEČENÉ ZEMIAKY **201**
43.	KÓREJSKÉ REZANCE **203**
44.	JERK-SPICED RED BEAN CHILI **205**
45.	JESENNÝ DUSENÝ GULÁŠ **207**
46.	TALIANSKA RYŽA SO SEITANOM **209**
47.	DVOJZEMIAKOVÝ HAŠ **211**
48.	KYSLÁ SMOTANA SEITAN ENCHILADAS **213**
49.	VEGÁNSKA PLNENÁ SEITANOVÁ PEČIENKA **217**
50.	KUBÁNSKY SENDVIČ SEITAN **220**

ZÁVER **223**

ÚVOD

Ak chcete skombinovať svoje zdroje bielkovín s rastlinnými zdrojmi energie, nehľadajte nič iné ako tofu ako ľahko variteľnú vegánsku alebo vegetariánsku možnosť. Tofu je flexibilné, pri varení. Je to preto, že prichádza v rôznych textúrach (v závislosti od toho, koľko vody sa vytlačí) a je dosť nevýrazný. Pretože je relatívne bez chuti, dobre sa prispôsobuje iným príchutiam bez toho, aby im konkuroval.

Tofu, tiež známy ako fazuľový tvaroh, je jedlo pripravené zrážaním sójového mlieka a následným lisovaním výsledného tvarohu do pevných bielych blokov rôznej mäkkosti; môže byť hodvábna, mäkká, pevná, extra pevná alebo super pevná. Okrem týchto širokých kategórií existuje mnoho druhov tofu. Má jemnú chuť, preto sa dá použiť do slaných aj sladkých jedál. Často sa korení alebo marinuje tak, aby vyhovovalo jedlu a jeho chuti, a vďaka svojej hubovitej štruktúre dobre absorbuje chute.

Ak ste s ním ešte nikdy nepracovali, varenie tofu môže byť skľučujúce. Ale keď sa o tom trochu naučíte, pripraviť tofu dobre už nemôže byť jednoduchšie! Nižšie nájdete tie najchutnejšie a najjednoduchšie recepty, ktoré môžete variť ako profesionál!

Jednoduché tipy na varenie tofu:

- Uistite sa, že ste vybrali správnu textúru. V obchodoch s potravinami sa pohybuje od hodvábneho po pevný a extra pevný. Mäkké hodvábne tofu by bolo mojou voľbou na miešanie do dezertov alebo krájanie do miso polievky, ale ak ho podávate ako hlavné jedlo alebo ho nalievate na misy, budete potrebovať extra tuhé. Má výdatnejšiu, hustejšiu štruktúru a menší obsah vody ako iné druhy tofu. Poznámka: Najradšej kupujem bio tofu vyrobené bez geneticky modifikovanej sóje.

- Stlačte ho. Tofu obsahuje veľa vody a väčšinu z nej budete chcieť vytlačiť, najmä ak ho pečiete, grilujete alebo smažíte. Lisy na tofu sú dostupné v obchodoch, ale nie sú potrebné. Môžete použiť stoh kníh, alebo len urobiť to, čo ja, a pomocou rúk ho zľahka zatlačiť do kuchynskej utierky alebo papierových utierok. (Len sa uistite, že netlačíte príliš silno, inak sa rozpadne!)

- Spice. to. Hore. Existuje dôvod, prečo tofu dostáva flak za to, že je nevýrazné, a to preto, že je! Uistite sa, že ho dobre okoreníte. Môžete ho marinovať alebo pripraviť podľa receptu na chrumkavé pečené tofu.

1. Fazuľový tvaroh s ustricovou omáčkou

- 8 uncí fazuľového tvarohu
- 4 unce čerstvých húb 6 zelenej cibule
- 3 stonky zeleru
- červená alebo zelená paprika
- lyžice rastlinného oleja 1/2 šálky vody
- lyžice kukuričného škrobu
- lyžice ustricovej omáčky 4 lyžičky suchého sherry
- 4 lyžice sójovej omáčky

Nakrájajte fazuľový tvaroh na 1/2 palcové kocky. Huby očistíme a nakrájame na plátky. Cibuľu nakrájajte na 1 palcové kúsky. Zeler nakrájajte na 1/2 palcové diagonálne plátky. Odstráňte semená z korenia a nakrájajte korenie na 1/2 palcové kúsky.

Zahrejte 1 polievkovú lyžicu oleja vo woku na vysokej teplote. Varte fazuľový tvaroh v oleji za mierneho miešania do svetlohneda, 3 minúty. Odstráňte z panvice.

Zohrejte zvyšnú 1 lyžicu oleja vo woku na vysokej teplote. Pridajte huby, cibuľu, zeler a korenie, za stáleho miešania smažte 1 minútu.

Vráťte fazuľový tvaroh do woku. Zľahka premiešame, aby sa spojili. Zmiešajte vodu, kukuričný škrob, ustricovú omáčku, sherry a sójovú omáčku. Nalejte zmes vo woku. Varte a

miešame, kým tekutina nezovrie. Varte a miešajte ešte 1 minútu.

2. **Vyprážané tofu**

- 1 blok pevného tofu
- ¼ šálky kukuričného škrobu
- 4–5 šálok oleja na vyprážanie

Tofu scedíme a nakrájame na kocky. Natrite kukuričným škrobom.

Pridajte olej do predhriateho wok a zahrejte na 350 ° F. Keď je olej rozpálený, pridajte štvorčeky tofu a opečte, kým nezozlatnú. Nechajte odkvapkať na papierových utierkach.

Výťažok 2¾ šálok
Tento chutný a výživný kokteil predstavuje ideálne raňajky alebo popoludňajšie občerstvenie. Pre extra chuť pridajte sezónne bobule.

3. Fermentovaný fazuľový tvaroh so špenátom

- 5 šálok špenátových listov
- 4 kocky fermentovaného fazuľového tvarohu s čili
- Štipka prášku z piatich korení (menej ako ⅛ čajová lyžička)
- 2 lyžice oleja na vyprážanie
- 2 strúčiky cesnaku, mleté

Špenát blanšírujte tak, že listy krátko ponoríte do vriacej vody. Dôkladne sceďte.

Vykvasené kocky tofu roztlačte a vmiešajte do nich prášok z piatich korení.

Do predhriateho woku alebo panvice pridajte olej. Keď je olej rozpálený, pridajte cesnak a za stáleho miešania ho krátko orestujte, kým nebude aromatický. Pridajte špenát a za stáleho miešania smažte 1-2 minúty. Do stredu woku pridajte roztlačený fazuľový tvaroh a zmiešajte so špenátom. Prevaríme a podávame horúce.

4. **Dusené tofu**

- 1 libra hovädzieho mäsa
- 4 sušené huby
- 8 uncí lisovaného tofu
- 1 šálka svetlej sójovej omáčky
- ¼ šálky tmavej sójovej omáčky
- ¼ šálky čínskeho ryžového vína alebo suchého sherry
- 2 lyžice oleja na vyprážanie
- 2 plátky zázvoru
- 2 strúčiky cesnaku, mleté
- 2 šálky vody
- 1 badián

Hovädzie mäso nakrájame na tenké plátky. Sušené huby namočíme do horúcej vody aspoň na 20 minút, aby zmäkli. Jemne stlačte, aby ste odstránili prebytočnú vodu a nakrájajte.

Tofu nakrájajte na ½-palcové kocky. Skombinujte svetlú sójovú omáčku, tmavú sójovú omáčku, ryžové víno Konjac, biele a hnedé a odložte.

Do predhriateho woku alebo panvice pridajte olej. Keď je olej rozpálený, pridajte plátky zázvoru a cesnak a za stáleho miešania krátko opečte, kým nebude voňavý. Pridajte hovädzie mäso a varte, kým nezhnedne. Pred dovarením hovädzieho mäsa pridajte kocky tofu a krátko opečte.

Pridajte omáčku a 2 šálky vody. Pridajte badián. Priveďte do varu, potom stiahnite plameň a dusíme. Po 1 hodine pridajte sušené huby. Dusíme ďalších 30 minút, alebo kým sa tekutina nezredukuje. Ak chcete, pred podávaním odstráňte badián.

5. Čínske rezance v arašidovo-sezamovej omáčke

- 1 libra rezancov na čínsky spôsob
- 2 polievkové lyžice. tmavý sezamový olej

OBLIEKANIE:
- 6 lyžíc arašidové maslo 1/4 šálky vody
- 3 polievkové lyžice. svetlá sójová omáčka 6 PL. tmavá sójová omáčka
- 6 lyžíc tahini (sezamová pasta)
- 1/2 šálky tmavého sezamového oleja 2 polievkové lyžice. sherry
- 4 lyžičky. Ryžový vínny ocot 1/4 šálky medu
- 4 stredné strúčiky cesnaku, mleté
- 2 lyžičky. mletý čerstvý zázvor
- 2-3 lyžice. feferónkový olej (alebo množstvo podľa vlastnej chuti) 1/2 šálky horúcej vody

V hrnci na strednom ohni kombinujte vločky horúcej červenej papriky a olej. Priveďte do varu a okamžite vypnite teplo. Necháme vychladnúť. Preceďte v malej sklenenej nádobe, ktorá sa dá uzavrieť. Dajte do chladničky.

OBLOŽENIE:

- 1 mrkva, olúpaná
- 1/2 pevnej strednej uhorky, ošúpanej, zbavenej semienok a zbavenej jadierok 1/2 šálky pražených arašidov, nahrubo nasekaných
- 2 zelené cibule, nakrájané na tenké plátky

Varte rezance vo veľkom hrnci s vriacou vodou na strednom ohni. Varte, kým nie sú mäkké a stále pevné. Ihneď sceďte a prepláchnite studenou vodou, kým nevychladne. Dobre sceďte a polejte rezance (2 PL) tmavého sezamového oleja, aby sa nezlepili.

NA DRESING: všetky ingrediencie okrem horúcej vody zmiešajte v mixéri a rozmixujte do hladka. Zriedime horúcou vodou na konzistenciu smotany na šľahanie.

Na ozdobu ošúpte mäso z mrkvy na krátke hoblinky dlhé asi 4 palce. Vložte do ľadovej vody na 30 minút, aby sa zvlnila. Tesne pred podávaním polejte rezance omáčkou. Ozdobte uhorkou, arašidmi, zelenou cibuľkou a mrkvovými lokňami. Podávajte studené alebo pri izbovej teplote.

6. Mandarínkové rezance

- sušené čínske huby
- 1/2 libry čerstvých čínskych rezancov 1/4 šálky arašidového oleja
- lyžica omáčky hoisin 1 lyžica fazuľovej omáčky
- lyžice Ryžové víno alebo suché sherry 3 lyžice svetlej sójovej omáčky
- alebo med
- 1/2 šálky vyhradenej tekutiny na namáčanie húb 1 lyžička čili pasty
- 1 lyžica kukuričného škrobu
- 1/2 červenej papriky - v 1/2 palcových kockách
- 1/2 8 uncovej plechovky celé bambusové výhonky, nakrájané na 1/2 na kocky opláchnuté a scedené 2 šálky fazuľových klíčkov
- cibuľa - nakrájaná na tenké plátky

Čínske huby namočte na 30 minút do 1 1/4 šálky horúcej vody. Kým sa namáčajú, priveďte do varu 4 litre vody a rezance varte 3 minúty. Scedíme a premiešame s 1 polievkovou lyžicou arašidového oleja; odložiť.

Odstráňte huby; precedíme a 1/2 šálky namáčacej tekutiny si necháme na omáčku. Ostrihajte a vyhoďte stonky húb; čiapky nahrubo nasekáme a odložíme.

Zmiešajte ingrediencie na omáčku v malej miske; odložiť. Kukuričný škrob rozpustite v 2 polievkových lyžiciach studenej vody; odložiť.

Umiestnite wok na stredne vysokú teplotu. Keď začne dymiť, pridajte zvyšné 3 polievkové lyžice arašidového oleja, potom huby, červenú papriku, bambusové výhonky a fazuľové klíčky. Za stáleho miešania smažte 2 minúty.

Omáčku premiešajte a pridajte do woku a pokračujte v smažení, kým zmes nezačne vrieť, asi 30 sekúnd.

Rozpustený kukuričný škrob zmiešame a pridáme do woku. Pokračujte v miešaní, kým omáčka nezhustne, asi 1 minútu. Pridajte rezance a miešajte, kým sa nezahrejú, asi 2 minúty.

Preložíme na servírovací tanier a posypeme nakrájanou cibuľkou. Podávajte ihneď

7. **Fazuľový tvaroh s fazuľovou omáčkou a rezancami**

- 8 uncí čerstvých rezancov na spôsob Pekingu
- 1 12-uncové blokové pevné tofu
- 3 veľké stonky bok choy A 2 zelené cibule
- ⅓ šálka tmavej sójovej omáčky
- 2 lyžice omáčky z čiernej fazule
- 2 čajové lyžičky čínskeho ryžového vína alebo suchého sherry
- 2 čajové lyžičky čierneho ryžového octu
- ¼ lyžičky soli
- ¼ lyžičky čili pasty s cesnakom
- 1 čajová lyžička horúceho čili oleja (strana 23)

- ¼ lyžičky sezamového oleja
- ½ šálky vody
- 2 lyžice oleja na vyprážanie
- 2 plátky zázvoru, mleté
- 2 strúčiky cesnaku, mleté
- ¼ červenej cibule, nakrájanej

Rezance uvaríme vo vriacej vode, kým nezmäknú. Dôkladne sceďte. Tofu scedíme a nakrájame na kocky. Predvarte bok choy tak, že ho krátko ponoríte do vriacej vody a dôkladne scedíte. Oddeľte stonky a listy. Zelenú cibuľu nakrájajte na diagonále na 1-palcové plátky. Skombinujte tmavú sójovú omáčku, omáčku z čiernej fazule, ryžové víno Konjac, čierny ryžový ocot, soľ, čili pastu s cesnakom, horúci čili olej, sezamový olej a vodu. Odložte bokom.

Do predhriateho woku alebo panvice pridajte olej. Keď je olej horúci, pridajte zázvor, cesnak a zelenú cibuľku. Za stáleho miešania krátko orestujeme do aromatickej chuti. Pridáme červenú cibuľu a krátko opražíme. Zatlačte do strán a pridajte stonky bok choy. Pridajte listy a za stáleho miešania smažte, kým nebude bok choy jasne zelený a cibuľa nezmäkne. Ak chcete, dochuťte ¼ lyžičky soli.

Pridajte omáčku do stredu woku a priveďte do varu. Pridajte tofu. Dusíme pár minút, aby tofu nasiaklo omáčku. Pridajte rezance. Všetko premiešame a podávame horúce.

8. Tofu plnené krevetami

- ½ libry pevného tofu
- 2 unce uvarených kreviet, olúpaných a zbavených
- ⅛ čajová lyžička soli
- Paprika podľa chuti
- ¼ lyžičky kukuričného škrobu
- ½ šálky kuracieho vývaru
- ½ čajovej lyžičky čínskeho ryžového vína alebo suchého sherry
- ¼ šálky vody
- 2 lyžice ustricovej omáčky
- 2 lyžice oleja na vyprážanie
- 1 zelená cibuľa, nakrájaná na 1-palcové kúsky

  Tofu scedíme. Krevety umyte a osušte papierovými utierkami. Marinujte krevety v soli, korení a kukuričnom škrobe 15 minút.

Tofu držte rovnobežne s reznou doskou a rozrežte tofu pozdĺžne na polovicu. Každú polovicu rozrežte na 2 trojuholníky a potom každý trojuholník rozrežte na ďalšie 2 trojuholníky. Teraz by ste mali mať 8 trojuholníkov.

Na jednej strane tofu pozdĺžne prerežte zárez. Naplňte ¼ – ½ čajovej lyžičky kreviet do štrbiny.

Do predhriateho woku alebo panvice pridajte olej. Keď je olej horúci, pridajte tofu. Tofu opekajte asi 3–4 minúty, pričom ho aspoň raz otočte a uistite sa, že sa neprilepí na dno woku. Ak vám ostanú krevety, pridajte ich počas poslednej minúty varenia.

Do stredu woku pridajte kurací vývar, ryžové víno Konjac, vodu a ustricovú omáčku. Priviesť do varu. Znížte teplotu, prikryte a varte 5-6 minút. Vmiešame zelenú cibuľku. Podávajte horúce.

9. Fazuľový tvaroh so sečuánskou zeleninou

- 7 uncí (2 bloky) lisovaného fazuľového tvarohu
- ¼ šálky konzervovanej zeleniny Szechwan
- ½ šálky kuracieho vývaru alebo vývaru
- 1 čajová lyžička čínskeho ryžového vína alebo suchého sherry
- ½ lyžičky sójovej omáčky
- 4-5 šálok oleja na vyprážanie

Zahrejte aspoň 4 šálky oleja v predhriatom woku na 350 ° F. Počas čakania na zahriatie oleja nakrájajte lisovaný fazuľový tvaroh na 1-palcové kocky. Sečuánsku zeleninu nakrájajte na kocky. Skombinujte kurací vývar a ryžové víno a odložte.

Keď je olej horúci, pridajte kocky fazuľového tvarohu a opekajte, kým nezhnednú. Vyberte z woku dierovanou lyžicou a odložte.

Z woku odstráňte všetko okrem 2 polievkových lyžíc oleja. Pridajte konzervovanú zeleninu Szechwan. Za stáleho miešania smažte 1–2 minúty a potom zatlačte na stranu woku. Do stredu woku pridajte zmes kuracieho vývaru a priveďte do varu. Vmiešame sójovú omáčku. Pridajte lisovaný fazuľový tvaroh. Všetko spolu premiešame, pár minút podusíme a horúce podávame.

10. Dusené tofu s tromi druhmi zeleniny

- 4 sušené huby
- ¼ šálky vyhradenej tekutiny na namáčanie húb
- ⅔ pohár čerstvých húb
- ½ šálky kuracieho vývaru
- 1½ lyžice ustricovej omáčky
- 1 čajová lyžička čínskeho ryžového vína alebo suchého sherry
- 2 lyžice oleja na vyprážanie
- 1 strúčik cesnaku, mletý
- 1 šálka baby mrkvy, rozpolená

- 2 lyžičky kukuričného škrobu zmiešané so 4 lyžičkami vody
- ¾ libry lisovaného tofu, nakrájaného na ½-palcové kocky

Sušené huby namočíme do horúcej vody aspoň na 20 minút. Nechajte si ¼ šálky namáčacej tekutiny. Sušené a čerstvé huby nakrájame.

Skombinujte odloženú hubovú tekutinu, kurací vývar, ustricovú omáčku a ryžové víno Konjac. Odložte bokom.

Do predhriateho woku alebo panvice pridajte olej. Keď je olej rozpálený, pridajte cesnak a za stáleho miešania ho krátko orestujte, kým nebude voňavý. Pridajte mrkvu. Za stáleho miešania opekáme 1 minútu, potom pridáme huby a restujeme.

Pridajte omáčku a priveďte do varu. Zmes kukuričného škrobu a vody premiešajte a pridajte do omáčky a rýchlo miešajte, aby zhustla.

Pridajte kocky tofu. Všetko spolu premiešame, stíšime plameň a dusíme 5-6 minút. Podávajte horúce.

11. Bravčové plnené tofu trojuholníky

- ½ libry pevného tofu
- ¼ libry mletého bravčového mäsa
- ⅛ čajová lyžička soli
- Paprika podľa chuti
- ½ čajovej lyžičky čínskeho ryžového vína alebo suchého sherry
- ½ šálky kuracieho vývaru

- ¼ šálky vody
- 2 lyžice ustricovej omáčky
- 2 lyžice oleja na vyprážanie
- 1 zelená cibuľa, nakrájaná na 1-palcové kúsky

Tofu scedíme. Mleté bravčové mäso vložte do strednej misky. Pridajte soľ, korenie a ryžové víno Konjac. Bravčové mäso marinujte 15 minút.

Tofu držte rovnobežne s reznou doskou a rozrežte tofu pozdĺžne na polovicu. Každú polovicu rozrežte na 2 trojuholníky a potom každý trojuholník rozrežte na ďalšie 2 trojuholníky. Teraz by ste mali mať 8 trojuholníkov.

Vyrežte pozdĺžne zárez pozdĺž jedného z okrajov každého trojuholníka tofu. Do zárezu naplňte vrchovatú ¼ čajovej lyžičky mletého bravčového mäsa.

Do predhriateho woku alebo panvice pridajte olej. Keď je olej horúci, pridajte tofu. Ak vám zostane mleté bravčové mäso, pridajte ho tiež. Tofu opekajte asi 3–4 minúty, pričom ho aspoň raz otočte a uistite sa, že sa neprilepí na dno woku.

Do stredu woku pridajte kurací vývar, vodu a ustricovú omáčku. Priviesť do varu. Znížte teplotu, prikryte a varte 5-6 minút. Vmiešame zelenú cibuľku. Podávajte horúce.

12. Brusnicové palacinky so sirupom

Pripraví 4 až 6 porcií

1 šálka vriacej vody
$1/2$ šálky osladených sušených brusníc
$1/2$ šálky javorového sirupu
$1/4$ šálky čerstvej pomarančovej šťavy
$1/4$ šálky nasekaného pomaranča
1 lyžica vegánskeho margarínu
$1\ 1/2$ šálky viacúčelovej múky
1 lyžica cukru
1 lyžica prášku do pečiva

$^1/_2$ lyžičky soli
1 $^1/_2$ šálky sójového mlieka
$^1/_4$ šálky mäkkého hodvábneho tofu, scedené
1 polievková lyžica repkového alebo hroznového oleja a ďalšie na vyprážanie

V žiaruvzdornej miske zalejeme vriacou vodou brusnice a necháme asi 10 minút zmäknúť. Dobre sceďte a odložte.

V malom hrnci zmiešajte javorový sirup, pomarančový džús, pomaranč a margarín a zohrejte na miernom ohni, pričom miešajte, aby sa margarín roztopil. Udržovať v teple. Predhrejte rúru na 225 ° F.

Vo veľkej mise zmiešajte múku, cukor, prášok do pečiva a soľ a odložte.

V kuchynskom robote alebo mixéri kombinujte sójové mlieko, tofu a olej, kým sa dobre nerozmixujú.

Mokré prísady nalejte do sušených prísad a niekoľkými rýchlymi ťahmi premiešajte. Vmiešame zmäknuté brusnice.

Na panvici alebo veľkej panvici zohrejte tenkú vrstvu oleja na stredne vysokej teplote. Nalejte $^1/_4$ šálky až $^1/_3$ šálky

cesta na horúcu panvicu. Varte, kým sa na vrchu neobjavia malé bublinky, 2 až 3 minúty. Palacinku otočte a varte, kým druhá strana nezhnedne, asi o 2 minúty dlhšie. Uvarené palacinky premiestnite na žiaruvzdorný tanier a počas pečenia zvyšku udržiavajte v rúre teplé. Podávame s pomarančovo-javorovým sirupom.

13. Sójovo glazované tofu

Vyrába 4 porcie

- 1 libra extra tuhého tofu, scedené, nakrájané na $1/2$-palcové plátky a lisované
- $1/4$ šálky praženého sezamového oleja
- $1/4$ šálky ryžového octu
- 2 lyžičky cukru

Tofu osušte a umiestnite do zapekacej misy s rozmermi 9 x 13 palcov a odložte.

V malom hrnci zmiešajte sójovú omáčku, olej, ocot a cukor a priveďte do varu. Nalejte horúcu marinádu na tofu a nechajte 30 minút marinovať, raz otočte.

Predhrejte rúru na 350 ° F. Tofu pečieme 30 minút, približne v polovici ho raz otočíme. Ihneď podávajte alebo nechajte vychladnúť na izbovú teplotu, potom prikryte a nechajte v chladničke, kým nebude potrebné

Tofu na cajunský štýl

Vyrába 4 porcie

- 1 libra extra tuhého tofu, scedené a osušené
- Soľ
- 1 polievková lyžica plus 1 čajová lyžička cajunského korenia
- 2 lyžice olivového oleja
- $1/4$ šálky mletej zelenej papriky
- 1 lyžica mletého zeleru

- 2 lyžice mletej zelenej cibule
- 2 strúčiky cesnaku, mleté
- 1 (14,5 unce) konzervy paradajok nakrájaných na kocky, scedené
- 1 lyžica sójovej omáčky
- 1 lyžica mletej čerstvej petržlenovej vňate

Tofu nakrájajte na $1/2$-palcové hrubé plátky a posypte obe strany soľou a 1 lyžicou cajunského korenia. Odložte bokom.

V malom hrnci zohrejte 1 polievkovú lyžicu oleja na strednom ohni. Pridajte papriku a zeler. Prikryjeme a varíme 5 minút. Pridáme zelenú cibuľku a cesnak a odkryté varíme ešte 1 minútu. Vmiešajte paradajky, sójovú omáčku, petržlenovú vňať, zvyšnú 1 čajovú lyžičku zmesi korenia Cajun a soľ podľa chuti. Varte 10 minút, aby sa chute prepojili a odstavte.

Vo veľkej panvici zohrejte zvyšnú 1 lyžicu oleja na stredne vysokú teplotu. Pridajte tofu a opekajte, kým z oboch strán nezhnedne, asi 10 minút. Pridajte omáčku a varte 5 minút. Ihneď podávajte.

14. Chrumkavé tofu so šumivou kaparovou omáčkou

Vyrába 4 porcie

- 1 libra extra tuhého tofu, scedené, nakrájané na $1/4$-palcové plátky a lisované
- Soľ a čerstvo mleté čierne korenie
- 2 polievkové lyžice olivového oleja, plus viac, ak je to potrebné
- 1 stredne mletá šalotka
- 2 lyžice kapary
- 3 lyžice mletej čerstvej petržlenovej vňate
- 2 polievkové lyžice vegánskeho margarínu
- Šťava z 1 citróna

Predhrejte rúru na 275 ° F. Tofu osušíme a dochutíme soľou a korením podľa chuti. Vložte kukuričný škrob do plytkej misky. Tofu nastrúhajte v kukuričnom škrobe, obaľte všetky strany.

Vo veľkej panvici zohrejte 2 polievkové lyžice oleja na strednom ohni. Pridajte tofu, v prípade potreby po dávkach, a opečte do zlatista z oboch strán, asi 4 minúty z každej strany. Vyprážané tofu preložíme na žiaruvzdorný tanier a necháme v rúre teplé.

V tej istej panvici zohrejte zvyšnú 1 polievkovú lyžicu oleja na strednom ohni. Pridajte šalotku a varte do zmäknutia, asi 3 minúty. Pridajte kapary a petržlenovú vňať a varte 30 sekúnd, potom vmiešajte margarín, citrónovú šťavu a soľ a korenie podľa chuti, miešajte, aby sa margarín roztopil a zapracoval. Tofu polejeme kaparovou omáčkou a ihneď podávame.

15. Tofu vyprážané na vidieku so zlatou omáčkou

Vyrába 4 porcie

- 1 libra extra tuhého tofu, scedené, nakrájané na $1/2$-palcové plátky a lisované
- Soľ a čerstvo mleté čierne korenie
- $1/3$ šálky kukuričného škrobu
- 2 lyžice olivového oleja
- 1 stredne sladká žltá cibuľa, nakrájaná
- 2 polievkové lyžice univerzálnej múky
- 1 lyžička sušeného tymiánu
- $1/8$ lyžičiek kurkumy
- 1 šálka zeleninového vývaru, domáceho (pozri Svetlý zeleninový vývar) alebo z obchodu
- 1 lyžica sójovej omáčky

- 1 šálka uvareného alebo zaváraného cíceru, scedeného a prepláchnutého
- 2 polievkové lyžice mletej čerstvej petržlenovej vňate, na ozdobu

Tofu osušíme a dochutíme soľou a korením podľa chuti. Vložte kukuričný škrob do plytkej misky. Tofu nastrúhajte v kukuričnom škrobe, obaľte všetky strany. Predhrejte rúru na 250 ° F.

Vo veľkej panvici zohrejte 2 polievkové lyžice oleja na strednom ohni. Pridajte tofu, v prípade potreby po dávkach, a varte do zlatista z oboch strán, asi 10 minút. Vyprážané tofu preložíme na žiaruvzdorný tanier a necháme v rúre teplé.

V tej istej panvici zohrejte zvyšnú 1 polievkovú lyžicu oleja na strednom ohni. Pridajte cibuľu, prikryte a varte, kým nezmäkne, 5 minút. Odkryte a znížte teplo na minimum. Primiešame múku, tymián a kurkumu a za stáleho miešania varíme 1 minútu. Pomaly prišľaháme vývar, potom sójové mlieko a sójovú omáčku. Pridáme cícer a dochutíme soľou a korením podľa chuti. Pokračujte vo varení, často miešajte 2 minúty. Preložíme do mixéra a spracujeme do hladka a krému. Vráťte sa do hrnca a zohrejte, kým nebude horúca, ak je omáčka príliš hustá, pridajte ešte trochu vývaru. Omáčku nalejte na tofu a posypte petržlenovou vňaťou. Ihneď podávajte.

16. Pomarančovo glazované tofu a špargľa

Vyrába 4 porcie

- 2 lyžice mirin
- 1 lyžica kukuričného škrobu
- 1 (16 uncový) balíček extra tuhého tofu, scedené a nakrájané na $1/4$-palcové prúžky
- 2 lyžice sójovej omáčky
- 1 lyžička praženého sezamového oleja
- 1 lyžička cukru
- $1/4$ lyžičky ázijskej čili pasty
- 2 polievkové lyžice repkového alebo hroznového oleja
- 1 strúčik cesnaku, mletý
- $1/2$ lyžičky mletého čerstvého zázvoru
- 5 uncí tenkej špargle, tvrdé konce orezané a nakrájané na $1\,1/2$-palcové kúsky

V plytkej miske zmiešajte mirin a kukuričný škrob a dobre premiešajte. Pridajte tofu a jemne premiešajte, aby sa obalilo. Odložte na 30 minút na marinovanie.

V malej miske zmiešajte pomarančový džús, sójovú omáčku, sezamový olej, cukor a čili pastu. Odložte bokom.

Vo veľkej panvici alebo woku zohrejte repkový olej na strednom ohni. Pridajte cesnak a zázvor a za stáleho miešania smažte, kým nezavonia, asi 30 sekúnd. Pridajte marinované tofu a špargľu a za stáleho miešania smažte, kým tofu nie je zlatohnedé a špargľa je mäkká, asi 5 minút. Vmiešame omáčku a varíme ešte asi 2 minúty. Ihneď podávajte.

17. Tofu Pizzaiola

Vyrába 4 porcie

- 2 lyžice olivového oleja
- 1 (16 uncový) balíček extra tuhého tofu, scedené, nakrájané na $1/2$-palcové plátky a lisované (pozri Svetlý zeleninový vývar)
- Soľ
- 3 strúčiky cesnaku, mleté
- 1 (14,5 unce) konzervy paradajok nakrájaných na kocky, scedené
- $1/4$ šálky olejom naplnených sušených paradajok, nakrájaných na $1/4$-palcové prúžky
- 1 lyžica kapary

- 1 čajová lyžička sušeného oregana
- 1/2 lyžičky cukru
- Čerstvo mleté čierne korenie
- 2 polievkové lyžice mletej čerstvej petržlenovej vňate, na ozdobu

Predhrejte rúru na 275 ° F. Vo veľkej panvici zohrejte 1 polievkovú lyžicu oleja na strednom ohni. Pridajte tofu a opečte do zlatista z oboch strán, raz otočte, asi 5 minút z každej strany. Tofu posypeme soľou podľa chuti. Vyprážané tofu preložíme na žiaruvzdorný tanier a necháme v rúre teplé.

V tej istej panvici zohrejte zvyšnú 1 polievkovú lyžicu oleja na strednom ohni. Pridajte cesnak a varte do zmäknutia, asi 1 minútu. Nezhnednite. Vmiešame na kocky nakrájané paradajky, sušené paradajky, olivy a kapary. Pridajte oregano, cukor, soľ a korenie podľa chuti. Dusíme, kým omáčka nie je horúca a chute sa dobre prepoja, asi 10 minút. Vyprážané plátky tofu polejeme omáčkou a posypeme petržlenovou vňaťou. Ihneď podávajte.

18. "Ka-Pow" tofu

Vyrába 4 porcie

- 1 libra extra pevného tofu, scedené, osušené a nakrájané na 1-palcové kocky
- Soľ
- 2 lyžice kukuričného škrobu
- 2 lyžice sójovej omáčky
- 1 polievková lyžica vegetariánskej ustricovej omáčky

- 2 čajové lyžičky Nothin' Fishy Nam Pla alebo 1 čajová lyžička ryžového octu
- 1 lyžička svetlohnedého cukru
- $1/2$ lyžičky drvenej červenej papriky
- 2 polievkové lyžice repkového alebo hroznového oleja
- 1 stredne sladká žltá cibuľa, rozpolená a nakrájaná na $1/2$-palcové plátky
- stredne červená paprika, nakrájaná na $1/4$-palcové plátky
- zelená cibuľa, nakrájaná
- $1/2$ šálky listov thajskej bazalky

V strednej miske zmiešajte tofu, soľ podľa chuti a kukuričný škrob. Hodiť na kabát a odložiť.

V malej miske zmiešajte sójovú omáčku, ustricovú omáčku, nam pla, cukor a drvenú červenú papriku. Dobre premiešajte, aby sa spojili a odstavte.

Vo veľkej panvici zohrejte 1 polievkovú lyžicu oleja na stredne vysokú teplotu. Pridajte tofu a varte do zlatista, asi 8 minút. Odstráňte z panvice a odložte.

V tej istej panvici zohrejte zvyšnú 1 polievkovú lyžicu oleja na strednom ohni. Pridajte cibuľu a papriku a restujte, kým nezmäkne, asi 5 minút. Pridajte zelenú cibuľu a varte 1 minútu dlhšie. Vmiešame opražené tofu, omáčku a bazalku a za stáleho miešania opekáme do horúceho, asi 3 minúty. Ihneď podávajte.

19. Tofu na sicílsky spôsob

Vyrába 4 porcie

- 2 lyžice olivového oleja
- 1 libra extra tuhého tofu, scedené, nakrájané na $1/4$ palcové plátky a prelisovaná soľ a čerstvo mleté čierne korenie
- 1 malá žltá cibuľa, nakrájaná
- 2 strúčiky cesnaku, mleté
- 1 (28 uncí) plechovka paradajok nakrájaných na kocky, scedené
- $1/4$ šálky suchého bieleho vína
- $1/4$ lyžičky drvenej červenej papriky
- $1/3$ šálky vykôstkovaných olív Kalamata
- $1 \, 1/2$ lyžice kapary

- 2 polievkové lyžice nasekanej čerstvej bazalky alebo 1 čajová lyžička sušenej (voliteľné)

Predhrejte rúru na 250 ° F. Vo veľkej panvici zohrejte 1 polievkovú lyžicu oleja na strednom ohni. Pridajte tofu, v prípade potreby po dávkach, a varte do zlatista na oboch stranách, 5 minút na každej strane. Dochutíme soľou a čiernym korením podľa chuti. Uvarené tofu premiestnite na žiaruvzdorný tanier a počas prípravy omáčky udržujte v rúre teplé.

V tej istej panvici zohrejte zvyšnú 1 polievkovú lyžicu oleja na strednom ohni. Pridajte cibuľu a cesnak, prikryte a varte, kým cibuľa nezmäkne, 10 minút. Pridajte paradajky, víno a drvenú červenú papriku. Priveďte do varu, potom znížte teplotu na minimum a varte 15 minút odokryté. Vmiešame olivy a kapary. Varte ešte 2 minúty.

Tofu poukladáme na tanier alebo jednotlivé taniere. Na vrch naneste lyžičkou omáčku. Ak používate, posypte čerstvou bazalkou. Ihneď podávajte.

20. Thai-Phoon Stir-Fry

Vyrába 4 porcie

- 1 libra extra tuhého tofu, scedené a potľapkané dr
- 2 polievkové lyžice repkového alebo hroznového oleja
- stredná šalotka, rozpolená pozdĺžne a nakrájaná na $1/8$-palcové plátky
- 2 strúčiky cesnaku, mleté
- 2 čajové lyžičky strúhaného čerstvého zázvoru
- 3 unce bielych hríbových čiapok, zľahka opláchnuté, osušené a nakrájané na $1/2$-palcové plátky
- 1 lyžica krémového arašidového masla
- 2 čajové lyžičky svetlohnedého cukru
- 1 čajová lyžička ázijskej čili pasty

- 2 lyžice sójovej omáčky
- 1 polievková lyžica mirin
- 1 (13,5 unce) plechovka nesladeného kokosového mlieka
- 6 uncí nasekaného čerstvého špenátu
- 1 lyžica praženého sezamového oleja
- Čerstvo uvarená ryža alebo rezance na servírovanie
- 2 polievkové lyžice jemne nasekanej čerstvej thajskej bazalky alebo koriandra
- 2 polievkové lyžice drvených nesolených pražených arašidov
- 2 čajové lyžičky mletého kryštalického zázvoru (voliteľné)

Tofu nakrájajte na $1/2$-palcové kocky a odložte bokom. Vo veľkej panvici zohrejte 1 polievkovú lyžicu oleja. stredne vysoké teplo. Pridajte tofu a za stáleho miešania smažte do zlatista, asi 7 minút. Tofu vyberieme z panvice a odložíme bokom.

V tej istej panvici zohrejte zvyšnú 1 polievkovú lyžicu oleja na strednom ohni. Pridajte šalotku, cesnak, zázvor a šampiňóny a za stáleho miešania smažte, kým nezmäknú, asi 4 minúty.

Vmiešajte arašidové maslo, cukor, čili pastu, sójovú omáčku a mirin. Vmiešame kokosové mlieko a miešame, kým sa dobre nezmieša. Pridáme opražené tofu a špenát a privedieme do varu. Znížte teplotu na stredne nízku teplotu a za občasného miešania duste 5 až 7 minút, kým špenát nezvädne a chute sa dobre nepremiešajú. Vmiešame sezamový olej a dusíme ďalšiu minútu. Na servírovanie nalejte zmes tofu na ryžu alebo rezance podľa vlastného výberu a navrch posypte kokosom, bazalkou, arašidmi a kryštalizovaným zázvorom, ak používate. Ihneď podávajte.

21. Pečené tofu maľované čipsom

Vyrába 4 porcie

- 2 lyžice sójovej omáčky
- 2 konzervované chilli papričky chipotle v adobo
- 1 lyžica olivového oleja
- 1 libra extra tuhého tofu, scedené, nakrájané na $^1/_2$-palcové hrubé plátky a lisované (pozri Svetlý zeleninový vývar)

Predhrejte rúru na 375 ° F. Pekáč s rozmermi 9 x 13 palcov zľahka naolejujte a odložte.

V kuchynskom robote zmiešajte sójovú omáčku, chipotle a olej a spracujte, kým sa nezmiešajú. Zmes chipotle zoškrabte do malej misky.

Natrite zmesou chipotle na obe strany plátkov tofu a poukladajte ich v jednej vrstve na pripravenú panvicu. Pečieme do tepla, asi 20 minút. Ihneď podávajte.

22. Grilované tofu s tamarindovou polevou

Vyrába 4 porcie

- 1 libra extra tuhého tofu, scedené a osušené
- Soľ a čerstvo mleté čierne korenie
- 2 lyžice olivového oleja
- 2 stredné šalotky, mleté
- 2 strúčiky cesnaku, mleté
- 2 zrelé paradajky, nahrubo nakrájané
- 2 lyžice kečupu
- $1/4$ šálky vody
- 2 lyžice dijonskej horčice
- 1 polievková lyžica tmavohnedého cukru
- 2 polievkové lyžice agávového nektáru
- 2 polievkové lyžice tamarindového koncentrátu
- 1 lyžica tmavej melasy
- $1/2$ lyžičky mletého kajenského korenia

- 1 lyžica údenej papriky
- 1 lyžica sójovej omáčky

Nakrájajte tofu na 1-palcové plátky, dochuťte soľou a korením podľa chuti a odložte na plytký pekáč.

Vo veľkom hrnci zohrejte olej na strednom ohni. Pridajte šalotku a cesnak a restujte 2 minúty. Pridajte všetky zvyšné ingrediencie okrem tofu. Znížte teplotu na minimum a varte 15 minút. Zmes preložíme do mixéra alebo kuchynského robota a rozmixujeme do hladka. Vráťte sa do hrnca a varte ešte 15 minút, potom nechajte vychladnúť. Tofu prelejeme omáčkou a dáme do chladničky aspoň na 2 hodiny. Predhrejte gril alebo brojler.

Marinované tofu ugrilujeme, raz otočíme, aby sa prehrialo a pekne opražilo z oboch strán. Kým sa tofu griluje, prehrejte marinádu v hrnci. Odstráňte tofu z grilu, potrite každú stranu tamarindovou omáčkou a ihneď podávajte.

23. Tofu plnené žeruchou

Vyrába 4 porcie

- 1 libra extra tuhého tofu, scedené, nakrájané na ¾-palcové plátky a lisované (pozri Svetlý zeleninový vývar)
- Soľ a čerstvo mleté čierne korenie
- 1 malý zväzok žeruchy, pevné stonky odstránené a nasekané
- 2 zrelé slivkové paradajky, nasekané
- ½ šálky mletej zelenej cibule
- 2 lyžice mletej čerstvej petržlenovej vňate
- 2 lyžice mletej čerstvej bazalky
- 1 lyžička mletého cesnaku
- 2 lyžice olivového oleja
- 1 lyžica balzamikového octu
- Štipka cukru

- $1/2$ šálky viacúčelovej múky
- $1/2$ šálky vody
- $1\ 1/2$ šálky suchej neokorenenej strúhanky

Vyrežte dlhú hlbokú kapsu na boku každého plátku tofu a položte tofu na plech. Dochutíme soľou a korením podľa chuti a odstavíme.

Vo veľkej miske zmiešajte žeruchu, paradajky, zelenú cibuľku, petržlenovú vňať, bazalku, cesnak, 2 lyžice oleja, ocot, cukor a soľ a korenie podľa chuti. Miešajte, kým sa dobre nespojí, a potom zmes opatrne naplňte do tofu vreciek.

Vložte múku do plytkej misky. Nalejte vodu do samostatnej plytkej misky. Položte strúhanku na veľký tanier. Tofu vyhrabte v múke, potom ho opatrne ponorte do vody a potom ho vybaľte v strúhanke a dôkladne potiahnite.

Vo veľkej panvici zohrejte zvyšné 2 lyžice oleja na strednom ohni. Pridajte plnené tofu na panvicu a opečte do zlatista, raz otočte, 4 až 5 minút z každej strany. Ihneď podávajte.

24. Tofu s pistáciovo-granátovým jablkom

Vyrába 4 porcie

- 1 libra extra tuhého tofu, scedené, nakrájané na $^1/_4$-palcové plátky a lisované (pozri Svetlý zeleninový vývar)
- Soľ a čerstvo mleté čierne korenie
- 2 lyžice olivového oleja
- $^1/_2$ šálky šťavy z granátového jablka
- 1 lyžica balzamikového octu
- 1 polievková lyžica svetlohnedého cukru
- 2 zelené cibule, mleté
- $^1/_2$ šálky nesolených lúpaných pistácií, nahrubo nasekaných

- Tofu dochutíme soľou a korením podľa chuti.

Vo veľkej panvici zohrejte olej na strednom ohni. Pridajte plátky tofu, ak je to potrebné, po dávkach a varte, kým jemne nezhnedne, asi 4 minúty z každej strany. Odstráňte z panvice a odložte.

Do tej istej panvice pridajte šťavu z granátového jablka, ocot, cukor a zelenú cibuľku a na miernom ohni varte 5 minút. Pridajte polovicu pistácií a varte, kým omáčka mierne nezhustne, asi 5 minút.

Vyprážané tofu vráťte na panvicu a varte, kým nebude horúce, asi 5 minút, pričom na tofu polievajte omáčkou, keď sa dusí. Ihneď podávame, posypané zvyšnými pistáciami.

25. Ostrov korenia tofu

Vyrába 4 porcie

- $1/2$ šálky kukuričného škrobu
- $1/2$ lyžičky mletého čerstvého tymiánu alebo $1/4$ lyžičky sušeného
- $1/2$ lyžičky mletého čerstvého majoránu alebo $1/4$ lyžičky sušenej
- $1/2$ lyžičky soli
- $1/4$ lyžičky mletého kajenského korenia
- $1/4$ lyžičky sladkej alebo údenej papriky
- $1/4$ lyžičky svetlohnedého cukru
- $1/8$ lyžičiek mletého nového korenia
- 1 libra extra tuhého tofu, scedené a nakrájané na $1/2$-palcové prúžky
- 2 polievkové lyžice repkového alebo hroznového oleja
- 1 stredne veľká červená paprika nakrájaná na $1/4$-palcové prúžky
- 2 zelené cibule, nakrájané
- 1 strúčik cesnaku, mletý

- 1 jalapeňo, semienkami a mletým
- 2 zrelé slivkové paradajky, zbavené semienok a nakrájané
- 1 šálka nakrájaného čerstvého alebo konzervovaného ananásu
- 2 lyžice sójovej omáčky
- $^1/_4$ šálky vody
- 2 čajové lyžičky čerstvej limetkovej šťavy
- 1 lyžica mletej čerstvej petržlenovej vňate, na ozdobu

V plytkej miske zmiešajte kukuričný škrob, tymian, majorán, soľ, kajenské korenie, papriku, cukor a nové korenie. Dobre premiešajte. Tofu vydlabeme v koreniacej zmesi, obalíme zo všetkých strán. Predhrejte rúru na 250 ° F.

Vo veľkej panvici zohrejte 2 polievkové lyžice oleja na strednom ohni. Pridajte vylúpané tofu, v prípade potreby po dávkach a varte do zlatista, asi 4 minúty z každej strany. Vyprážané tofu preložíme na žiaruvzdorný tanier a necháme v rúre teplé.

V tej istej panvici zohrejte zvyšnú 1 polievkovú lyžicu oleja na strednom ohni. Pridajte papriku, zelenú cibuľku, cesnak a jalapeňo. Zakryte a varte za občasného miešania do mäkka, asi 10 minút. Pridáme paradajky, ananás, sójovú omáčku, vodu a limetkovú šťavu a dusíme, kým zmes nie je horúca a chute sa nespoja, asi 5 minút. Lyžičkou nalejte zeleninovú zmes vyprážané tofu. Posypeme mletou petržlenovou vňaťou a ihneď podávame.

26. Zázvorové tofu s citrusovo-hoisinovou omáčkou

Vyrába 4 porcie

- 1 libra extra tuhého tofu, scedené, osušené a nakrájané na $1/2$ - palcové kocky
- 2 lyžice sójovej omáčky
- 2 polievkové lyžice plus 1 čajová lyžička kukuričného škrobu
- 1 polievková lyžica plus 1 čajová lyžička repkového alebo hroznového oleja
- 1 lyžička praženého sezamového oleja
- 2 čajové lyžičky strúhaného čerstvého zázvoru
- zelená cibuľa, mletá
- $1/3$ šálky hoisin omáčky
- $1/2$ šálky zeleninového vývaru, domáceho (pozri Svetlý zeleninový vývar) alebo z obchodu
- $1/4$ šálky čerstvej pomarančovej šťavy

- 1 ½ lyžice čerstvej limetkovej šťavy
- 1 ½ lyžice čerstvej citrónovej šťavy
- Soľ a čerstvo mleté čierne korenie

Vložte tofu do plytkej misky. Pridajte sójovú omáčku a premiešajte, aby ste obalili, potom posypte 2 polievkovými lyžicami kukuričného škrobu a premiešajte.

Vo veľkej panvici zohrejte 1 polievkovú lyžicu repkového oleja na strednom ohni. Pridajte tofu a za občasného otáčania varte do zlatista asi 10 minút. Tofu vyberieme z panvice a odložíme bokom.

V tej istej panvici zohrejte zvyšnú 1 čajovú lyžičku repkového oleja a sezamový olej na strednom ohni. Pridajte zázvor a zelenú cibuľku a varte, kým nezavonia, asi 1 minútu. Vmiešajte hoisin omáčku, vývar a pomarančový džús a priveďte do varu. Varte, kým sa tekutina mierne nezredukuje a chute sa nebudú môcť spojiť, asi 3 minúty. V malej miske zmiešajte zvyšnú 1 čajovú lyžičku kukuričného škrobu s limetkovou šťavou a citrónovou šťavou a pridajte do omáčky za stáleho miešania, aby mierne zhustla. Dochutíme soľou a korením podľa chuti.

Vyprážané tofu vráťte na panvicu a varte, kým sa nepotiahne omáčkou a neprehreje. Ihneď podávajte.

27. Tofu s citrónovou trávou a snehovým hráškom

Vyrába 4 porcie

- 2 polievkové lyžice repkového alebo hroznového oleja
- 1 stredne veľká červená cibuľa, rozpolená a nakrájaná na tenké plátky
- 2 strúčiky cesnaku, mleté
- 1 lyžička strúhaného čerstvého zázvoru
- 1 libra extra tuhého tofu, scedené a nakrájané na $1/2$-palcové kocky
- 2 lyžice sójovej omáčky
- 1 polievková lyžica mirin alebo saké

- 1 lyžička cukru
- $1/2$ lyžičky drvenej červenej papriky
- 4 unce snehového hrášku, orezaného
- 1 lyžica mletej citrónovej trávy alebo kôry z 1 citróna
- 2 polievkové lyžice nahrubo mletých nesolených pražených arašidov na ozdobu

Vo veľkej panvici alebo woku rozohrejte olej na stredne vysokej teplote. Pridajte cibuľu, cesnak a zázvor a restujte 2 minúty. Pridajte tofu a varte do zlatista, asi 7 minút.

Vmiešame sójovú omáčku, mirin, cukor a drvenú červenú papriku. Pridajte snehový hrášok a citrónovú trávu a za stáleho miešania smažte, kým snehový hrášok nie je chrumkavý a chute sa dobre nepremiešajú, asi 3 minúty. Ozdobte arašidmi a ihneď podávajte.

28. Dvojité sezamové tofu s tahini omáčkou

Vyrába 4 porcie

- $1/2$ šálky tahini (sezamová pasta)
- 2 lyžice čerstvej citrónovej šťavy
- 2 lyžice sójovej omáčky
- 2 lyžice vody
- $1/4$ šálky bielych sezamových semienok
- $1/4$ šálky čiernych sezamových semienok
- $1/2$ šálky kukuričného škrobu
- 1 libra extra tuhého tofu, scedené, osušené a nakrájané na $1/2$-palcové prúžky
- Soľ a čerstvo mleté čierne korenie
- 2 polievkové lyžice repkového alebo hroznového oleja

V malej miske zmiešajte tahini, citrónovú šťavu, sójovú omáčku a vodu a miešajte, aby sa dobre premiešali. Odložte bokom.

V plytkej miske zmiešajte biele a čierne sezamové semienka a kukuričný škrob a miešajte, aby sa zmes premiešala. Tofu dochutíme soľou a korením podľa chuti. Odložte bokom.

Vo veľkej panvici zohrejte olej na strednom ohni. Tofu potiahnite zmesou sezamových semienok, kým nie je dobre pokryté, potom pridajte na rozpálenú panvicu a varte, kým nezhnedne a nie je chrumkavé, podľa potreby otočte, 3 až 4 minúty z každej strany. Dávajte pozor, aby ste semená nepripálili. Pokvapkáme tahini omáčkou a ihneď podávame.

29. Dušené mäso z tofu a edamame

Vyrába 4 porcie

- 2 lyžice olivového oleja
- 1 stredne žltá cibuľa, nakrájaná
- $1/2$ šálky nakrájaného zeleru
- 2 strúčiky cesnaku, mleté
- 2 stredné zemiaky Yukon Gold, ošúpané a nakrájané na $1/2$ palcové kocky
- 1 šálka lúpaného čerstvého alebo mrazeného eidamu
- 2 šálky ošúpanej a na kocky nakrájanej cukety
- $1/2$ šálky mrazeného detského hrášku
- 1 čajová lyžička sušeného pikantného
- $1/2$ lyžičky rozdrobenej sušenej šalvie
- $1/8$ lyžičiek mletého kajenského korenia
- 1 $1/2$ šálky zeleninového vývaru, domáceho (pozri Svetlý zeleninový vývar) alebo z obchodu Soľ a čerstvo mleté čierne korenie

- 1 libra extra tuhého tofu, scedené, osušené a nakrájané na $1/2$-palcové kocky
- 2 lyžice mletej čerstvej petržlenovej vňate

Vo veľkom hrnci zohrejte 1 polievkovú lyžicu oleja na strednom ohni. Pridajte cibuľu, zeler a cesnak. Prikryjeme a varíme do zmäknutia, asi 10 minút. Vmiešajte zemiaky, eidam, cuketu, hrášok, pikantné, šalviu a kajenské korenie. Pridajte vývar a priveďte do varu. Znížte teplotu na minimum a dochuťte soľou a korením podľa chuti. Prikryjeme a dusíme, kým zelenina nezmäkne a chute sa nepremiešajú, asi 40 minút.

Vo veľkej panvici zohrejte zvyšnú 1 lyžicu oleja na stredne vysokú teplotu. Pridajte tofu a varte do zlatista, asi 7 minút. Dochutíme soľou a korením podľa chuti a odstavíme. Asi 10 minút pred dovarením pridáme opražené tofu a petržlenovú vňať. Ochutnajte, v prípade potreby upravte korenie a ihneď podávajte.

30. Soy-Tan Dream Kotlety

Vyrába 6 porcií

- 10 uncí pevného tofu, scedené a rozdrobené
- 2 lyžice sójovej omáčky
- $1/4$ lyžičky sladkej papriky
- $1/4$ lyžičky cibuľového prášku
- $1/4$ lyžičky cesnakového prášku
- $1/4$ lyžičky čerstvo mletého čierneho korenia
- 1 šálka pšeničnej lepkovej múky (životne dôležitý pšeničný lepok)
- 2 lyžice olivového oleja

V kuchynskom robote zmiešajte tofu, sójovú omáčku, papriku, cibuľový prášok, cesnakový prášok, korenie a múku. Spracujte, kým sa dobre nepremieša. Zmes preložíme na rovnú pracovnú dosku a vytvarujeme do tvaru valca. Rozdeľte zmes na 6 rovnakých kúskov a rozdeľte ich na veľmi tenké kotlety s hrúbkou nie väčšou ako $1/4$ palca. (Za týmto účelom umiestnite každý kotlet medzi dva kusy voskovaného papiera, fóliu alebo pergamenový papier a zrolujte naplocho pomocou valčeka.)

Vo veľkej panvici zohrejte olej na strednom ohni. Pridajte kotlety, v prípade potreby po dávkach, prikryte a opekajte, kým z oboch strán pekne nezhnednú, 5 až 6 minút z každej strany. Kotlety sú teraz pripravené na použitie v receptoch alebo ihneď podávajte preliate omáčkou.

31. Môj druh Meat Loaf

Pripraví 4 až 6 porcií

- 2 lyžice olivového oleja
- $2/3$ šálky mletej cibule
- 2 strúčiky cesnaku, mleté
- 1 libra extra tuhého tofu, scedené a osušené
- 2 lyžice kečupu

- 2 lyžice tahini (sezamová pasta) alebo krémové arašidové maslo
- 2 lyžice sójovej omáčky
- $1/2$ šálky mletých vlašských orechov
- 1 šálka staromódneho ovsa
- 1 šálka pšeničnej lepkovej múky (životne dôležitý pšeničný lepok)
- 2 lyžice mletej čerstvej petržlenovej vňate
- $1/2$ lyžičky soli
- $1/2$ lyžičky sladkej papriky
- $1/4$ lyžičky čerstvo mletého čierneho korenia

Predhrejte rúru na 375 ° F. Zľahka naolejujte 9-palcovú formu na chlieb a odložte ju. Vo veľkej panvici zohrejte 1 polievkovú lyžicu oleja na strednom ohni. Pridajte cibuľu a cesnak, prikryte a varte, kým nezmäknú, 5 minút.

V kuchynskom robote zmiešajte tofu, kečup, tahini a sójovú omáčku a spracujte do hladka. Pridajte odloženú cibuľovú zmes a všetky zvyšné prísady. Pulzujte, kým sa dobre nespojí, ale so zachovaním určitej textúry.

Zmes nastrúhajte na pripravenú panvicu. Zmes pevne vtlačte do panvice, pričom vrch uhlaďte. Pečieme do pevnej a zlatistej farby, asi 1 hodinu. Pred krájaním nechajte 10 minút postáť.

32. Veľmi vanilkový francúzsky toast

Vyrába 4 porcie

1 (12 uncový) balíček pevné hodvábne tofu, scedené
1 $^1/_2$ šálky sójového mlieka
2 lyžice kukuričného škrobu
1 lyžica repkového alebo hroznového oleja
2 lyžičky cukru
1 $^1/_2$ čajovej lyžičky čistého vanilkového extraktu
$^1/_4$ lyžičky soli
4 krajce denného talianskeho chleba
Repkový alebo hroznový olej na vyprážanie

Predhrejte rúru na 225 ° F. V mixéri alebo kuchynskom robote zmiešajte tofu, sójové mlieko, kukuričný škrob, olej, cukor, vanilku a soľ a rozmixujte do hladka.

Cesto nalejte do plytkej misky a namáčajte chlieb v cestíčku a otočte, aby sa obalil z oboch strán.

Na panvici alebo veľkej panvici zohrejte tenkú vrstvu oleja na strednom ohni. Francúzsky toast položte na rozpálenú panvicu a opečte do zlatista z oboch strán, pričom raz otočte, 3 až 4 minúty z každej strany.

Uvarené francúzske toasty premiestnite na žiaruvzdorný tanier a počas pečenia zvyšok udržiavajte v rúre v teple.

33. Sezamovo-sójová raňajková nátierka

Robí asi 1 šálku

$1/2$ šálky mäkkého tofu, scedíme a osušíme
2 lyžice tahini (sezamová pasta)
2 polievkové lyžice výživného droždia
1 polievková lyžica čerstvej citrónovej šťavy
2 čajové lyžičky ľanového oleja
1 lyžička praženého sezamového oleja
$1/2$ lyžičky soli

V mixéri alebo kuchynskom robote zmiešajte všetky ingrediencie a rozmixujte do hladka. Zoškrabte zmes do malej misky, prikryte ju a vložte do chladničky na niekoľko hodín, aby sa prehĺbila chuť. Pri správnom skladovaní vydrží až 3 dni.

34. Radiátor s omáčkou Aurora

Vyrába 4 porcie

- 1 lyžica olivového oleja
- 3 strúčiky cesnaku, mleté
- 3 zelené cibule, mleté
- (28 uncí) drvené paradajky
- 1 lyžička sušenej bazalky
- $1/2$ lyžičky sušeného majoránu
- 1 lyžička soli

- ¹/₄ lyžičky čerstvo mletého čierneho korenia
- ¹/₃ šálky vegánskeho smotanového syra alebo scedeného mäkkého tofu
- 1 libra radiátora alebo iných malých, tvarovaných cestovín
- 2 polievkové lyžice mletej čerstvej petržlenovej vňate, na ozdobu

Vo veľkom hrnci zohrejte olej na strednom ohni. Pridajte cesnak a zelenú cibuľku a varte, kým nezavonia, 1 minútu. Vmiešame paradajky, bazalku, majoránku, soľ a korenie. Omáčku priveďte do varu, potom znížte teplotu na minimum a za občasného miešania varte 15 minút.

V kuchynskom robote rozmixujte smotanový syr do hladka. Pridajte 2 šálky paradajkovej omáčky a rozmixujte do hladka. Zmes tofu a paradajok zoškrabte späť do hrnca s paradajkovou omáčkou a za stáleho miešania premiešajte. Ochutnajte, v prípade potreby upravte korenie. Udržujte v teple na miernom ohni.

Vo veľkom hrnci s vriacou osolenou vodou uvaríme na stredne vysokom ohni cestoviny za občasného miešania, kým nie sú al dente, asi 10 minút. Dobre sceďte a preneste do veľkej servírovacej misy. Pridajte omáčku a jemne premiešajte, aby sa spojila. Posypeme petržlenovou vňaťou a ihneď podávame.

35. Klasické tofu lasagne

Vyrába 6 porcií

- 12 uncí lasagne rezance
- 1 libra pevného tofu, scedené a rozdrobené
- 1 libra mäkkého tofu, scedené a rozdrobené
- 2 polievkové lyžice výživného droždia
- 1 lyžička čerstvej citrónovej šťavy
- 1 lyžička soli
- $1/4$ lyžičky čerstvo mletého čierneho korenia

- 3 lyžice mletej čerstvej petržlenovej vňate
- $1/2$ šálky vegánskeho parmezánu alebo parmasia
- 4 šálky marinara omáčky, domácej (pozri Marinara omáčka) alebo z obchodu

V hrnci s vriacou osolenou vodou uvaríme rezance na stredne vysokej teplote za občasného miešania, kým nebudú al dente, asi 7 minút. Predhrejte rúru na 350 ° F. Vo veľkej mise kombinujte pevný a mäkký tofus. Pridajte výživné droždie, citrónovú šťavu, soľ, korenie, petržlenovú vňať a $1/4$ šálky parmezánu. Miešajte, kým sa dobre nespojí.

Lyžicou naneste vrstvu paradajkovej omáčky na dno zapekacej misy s rozmermi 9 x 13 palcov. Navrch dáme vrstvu uvarených rezancov. Polovicu tofu zmesi rovnomerne rozotrieme na rezance. Opakujte s ďalšou vrstvou rezancov a potom vrstvou omáčky. Zvyšnú tofu zmes rozotrite na omáčku a zakončite poslednou vrstvou rezancov a omáčky. Posypte zvyšnou $1/4$ šálkou parmezánu. Ak zostane nejaká omáčka, odložte ju a podávajte horúcu v miske k lasagniam.

Prikryjeme alobalom a pečieme 45 minút. Odstráňte kryt a pečte ešte 10 minút. Pred podávaním nechajte 10 minút postáť.

36. Lasagne s červeným manglom a špenátom

Vyrába 6 porcií

- 12 uncí lasagne rezance
- 1 lyžica olivového oleja
- 2 strúčiky cesnaku, mleté
- 8 uncí čerstvého červeného mangoldu, zbavené tvrdých stopiek a nahrubo nasekané
- 9 uncí čerstvého baby špenátu, nahrubo nasekaného
- 1 libra pevného tofu, scedené a rozdrobené
- 1 libra mäkkého tofu, scedené a rozdrobené
- 2 polievkové lyžice výživného droždia
- 1 lyžička čerstvej citrónovej šťavy
- 2 polievkové lyžice mletej čerstvej petržlenovej vňate
- 1 lyžička soli
- $1/4$ lyžičky čerstvo mletého čierneho korenia

- 3 ¹/₂ šálky marinara omáčky, domácej alebo z obchodu

V hrnci s vriacou osolenou vodou uvaríme rezance na strednej vysokej teplote za občasného miešania, kým nebudú al dente, asi 7 minút. Predhrejte rúru na 350 ° F.

Vo veľkom hrnci zohrejte olej na strednom ohni. Pridajte cesnak a varte, kým nebude voňavý. Pridajte mangold a varte, miešajte, kým nezvädne, asi 5 minút. Pridajte špenát a pokračujte vo varení, miešajte, kým nezvädne, ešte asi 5 minút. Prikryjeme a varíme do mäkka, asi 3 minúty. Odkryjeme a necháme vychladnúť. Keď je dostatočne vychladnutá, vypustite zo zeleniny všetku zvyšnú vlhkosť a zatlačte na ňu veľkou lyžicou, aby ste vytlačili prebytočnú tekutinu. Vložte zeleninu do veľkej misy. Pridajte tofu, výživné droždie, citrónovú šťavu, petržlen, soľ a korenie. Miešajte, kým sa dobre nespojí.

Lyžicou naneste vrstvu paradajkovej omáčky na dno zapekacej misy s rozmermi 9 x 13 palcov. Navrch dáme vrstvu rezancov. Polovicu tofu zmesi rovnomerne rozotrieme na rezance. Opakujte s ďalšou vrstvou rezancov a vrstvou omáčky. Zvyšnú tofu zmes rozotrite na omáčku a dokončite poslednou vrstvou rezancov, omáčkou a na vrch posypte parmezánom.

Prikryjeme alobalom a pečieme 45 minút. Odstráňte kryt a pečte ešte 10 minút. Pred podávaním nechajte 10 minút postáť.

37. Lasagne z pečenej zeleniny

Vyrába 6 porcií

- 1 stredná cuketa, nakrájaná na $1/4$ palcové plátky
- 1 stredný baklažán nakrájaný na $1/4$ palcové plátky
- 1 stredne veľká červená paprika, nakrájaná na kocky
- 2 lyžice olivového oleja
- Soľ a čerstvo mleté čierne korenie
- 8 uncí lasagne rezance

- 1 libra pevného tofu, scedené, osušené a rozdrobené
- 1 libra mäkkého tofu, scedené, osušené a rozdrobené
- 2 polievkové lyžice výživného droždia
- 2 polievkové lyžice mletej čerstvej petržlenovej vňate
- 3 $^1/_2$ šálky marinara omáčky, domácej (pozri Marinara omáčka) alebo z obchodu

Predhrejte rúru na 425 ° F. Rozložte cuketu, baklažán a papriku na jemne naolejovaný pekáč s rozmermi 9 x 13 palcov. Pokvapkáme olejom a dochutíme soľou a čiernym korením podľa chuti. Zeleninu opekajte do mäkka a jemne do hneda, asi 20 minút. Vyberte z rúry a nechajte vychladnúť. Znížte teplotu rúry na 350 ° F.

V hrnci s vriacou osolenou vodou uvaríme rezance na stredne vysokej teplote za občasného miešania, kým nebudú al dente, asi 7 minút. Scedíme a odložíme. Vo veľkej miske kombinujte tofu s nutričným droždím, petržlenovou vňaťou a soľou a korením podľa chuti. Dobre premiešajte.

Na zostavenie rozložte vrstvu paradajkovej omáčky na dno zapekacej misky s rozmermi 9 x 13 palcov. Omáčku položte vrstvou rezancov. Na vrch rezancov položte polovicu pečenej zeleniny a potom na zeleninu položte polovicu tofu zmesi. Opakujte s ďalšou vrstvou rezancov a navrch pridajte viac omáčky. Zopakujte proces vrstvenia so zvyšnou zeleninou a zmesou tofu a zakončite vrstvou rezancov a omáčkou. Navrch posypeme parmezánom.

Prikryjeme a pečieme 45 minút. Odstráňte kryt a pečte ďalších 10 minút. Pred krájaním vyberte z rúry a nechajte 10 minút odstáť.

38. Lasagne s čakankami a šampiňónmi

Vyrába 6 porcií

- 1 lyžica olivového oleja
- 2 strúčiky cesnaku, mleté
- 1 malá hlava čakanky, nastrúhaná
- 8 uncí cremini šampiňónov, zľahka opláchnuté, osušené a nakrájané na tenké plátky
- Soľ a čerstvo mleté čierne korenie
- 8 uncí lasagne rezance
- 1 libra pevného tofu, scedené, osušené a rozdrobené
- 1 libra mäkkého tofu, scedené, osušené a rozdrobené
- 3 polievkové lyžice výživného droždia

- 2 lyžice mletej čerstvej petržlenovej vňate
- 3 šálky marinara omáčky, domácej (pozri Marinara omáčka) alebo z obchodu

Vo veľkej panvici zohrejte olej na strednom ohni. Pridajte cesnak, čakanku a huby. Zakryte a varte za občasného miešania do mäkka, asi 10 minút. Dochutíme soľou a korením podľa chuti a odstavíme

V hrnci s vriacou osolenou vodou uvaríme rezance na stredne vysokej teplote za občasného miešania, kým nebudú al dente, asi 7 minút. Scedíme a odložíme. Predhrejte rúru na 350 ° F.

Vo veľkej mise zmiešame pevné a mäkké tofu. Pridajte nutričné droždie a petržlenovú vňať a miešajte, kým sa dobre nespoja. Zmiešajte zmes čakanky a húb a dochuťte soľou a korením podľa chuti.

Lyžicou naneste vrstvu paradajkovej omáčky na dno zapekacej misy s rozmermi 9 x 13 palcov. Navrch dáme vrstvu rezancov. Polovicu tofu zmesi rovnomerne rozotrieme na rezance. Opakujte s ďalšou vrstvou rezancov a potom vrstvou omáčky. Navrch natrieme zvyšnú tofu zmes a zakončíme poslednou vrstvou rezancov a omáčkou. Vrch posypeme mletými vlašskými orechmi.

Prikryjeme alobalom a pečieme 45 minút. Odstráňte kryt a pečte ešte 10 minút. Pred podávaním nechajte 10 minút postáť.

39. Lasagne Primavera

Pripraví 6 až 8 porcií

- 8 uncí lasagne rezance
- 2 lyžice olivového oleja
- 1 malá žltá cibuľa, nakrájaná
- 3 strúčiky cesnaku, mleté
- 6 uncí hodvábneho tofu, scedené
- 3 šálky obyčajného nesladeného sójového mlieka
- 3 polievkové lyžice výživného droždia
- $1/8$ lyžičiek mletého muškátového orieška
- Soľ a čerstvo mleté čierne korenie
- 2 šálky nasekaných ružičiek brokolice
- 2 stredné mrkvy, mleté

- 1 malá cuketa, pozdĺžne rozpolená alebo rozštvrtená a nakrájaná na $1/4$ palcové plátky
- 1 stredne nasekaná červená paprika
- 2 libry pevného tofu, scedené a osušené
- 2 polievkové lyžice mletej čerstvej petržlenovej vňate
- $1/2$ šálky vegánskeho parmezánu alebo parmasia
- $1/2$ šálky mletých mandlí alebo píniových orieškov

Predhrejte rúru na 350 ° F. V hrnci s vriacou osolenou vodou uvaríme rezance na stredne vysokej teplote za občasného miešania, kým nebudú al dente, asi 7 minút. Scedíme a odložíme.

V malej panvici zohrejte olej na strednom ohni. Pridajte cibuľu a cesnak, prikryte a varte do mäkka, asi 5 minút. Presuňte cibuľovú zmes do mixéra. Pridajte hodvábne tofu, sójové mlieko, nutričné droždie, muškátový oriešok a soľ a korenie podľa chuti. Rozmixujte do hladka a odstavte.

Brokolicu, mrkvu, cuketu a papriku poduste, kým nezmäknú. Odstráňte z tepla. Pevné tofu rozdrobíme do veľkej misy. Pridajte petržlenovú vňať a $1/4$ šálky parmezánu a dochuťte soľou a korenie podľa chuti. Miešajte, kým sa dobre nespojí. Vmiešame dusenú zeleninu a dobre premiešame, v prípade potreby pridáme ešte soľ a korenie.

Lyžicou naneste vrstvu bielej omáčky na dno jemne naolejovaného pekáča s rozmermi 9 x 13 palcov. Navrch dáme vrstvu rezancov. Polovicu tofu a zeleninovej zmesi rovnomerne rozotrieme na rezance. Opakujte s ďalšou vrstvou rezancov, po ktorej nasleduje vrstva omáčky. Navrch rozotrite zvyšnú tofu zmes a dokončite poslednou vrstvou rezancov a omáčkou, na záver zvyšným $1/4$ šálky parmezánu. Prikryjeme alobalom a pečieme 45 minút.

Lasagne z čiernej fazule a tekvice

Pripraví 6 až 8 porcií

- 12 rezancov lasagne
- 1 lyžica olivového oleja
- 1 stredne žltá cibuľa, nakrájaná
- 1 stredne nasekaná červená paprika
- 2 strúčiky cesnaku, mleté
- 1 1/2 šálky uvarenej alebo 1 (15,5 unce) plechovky čiernej fazule, scedenej a prepláchnutej
- (14,5 unce) drvené paradajky
- 2 čajové lyžičky čili prášku
- Soľ a čerstvo mleté čierne korenie
- 1 libra pevného tofu, dobre odkvapkaného
- 3 lyžice mletej čerstvej petržlenovej vňate alebo koriandra
- 1 (16 uncí) plechovka tekvicového pyré
- 3 šálky paradajkovej salsy, domácej (pozri Čerstvá paradajková salsa) alebo z obchodu

V hrnci s vriacou osolenou vodou uvaríme rezance na stredne vysokej teplote za občasného miešania, kým nebudú al dente, asi 7 minút. Scedíme a odložíme bokom. Predhrejte rúru na 375 ° F.

Vo veľkej panvici zohrejte olej na strednom ohni. Pridajte cibuľu, prikryte a varte, kým nezmäkne. Pridajte papriku a cesnak a varte do zmäknutia, ešte 5 minút. Vmiešajte fazuľu, paradajky, 1 čajovú lyžičku čili prášku a podľa chuti soľ a čierne korenie. Dobre premiešame a odstavíme.

Vo veľkej miske zmiešajte tofu, petržlenovú vňať, zvyšnú 1 lyžičku čili prášku a soľ a čierne korenie podľa chuti. Odložte bokom. V strednej miske kombinujte tekvicu so salsou a premiešajte, aby sa dobre premiešala. Dochutíme soľou a korením podľa chuti.

Rozložte asi ¾ šálky tekvicovej zmesi na dno zapekacej misy s rozmermi 9 x 13 palcov. Navrch dajte 4 rezance. Navrch dajte polovicu fazuľovej zmesi a potom polovicu tofu zmesi. Navrch pouklaďajte štyri rezance, potom vrstvu tekvicovej zmesi, potom zvyšnú fazuľovú zmes a na vrch pridajte zvyšné rezance. Na rezance rozotrite zvyšnú tofu zmes, potom zvyšnú tekvicovú zmes a rozotrite ju na okraje panvice.

Prikryjeme alobalom a pečieme asi 50 minút, kým nie sú horúce a bublinkové. Odkryjeme, posypeme tekvicovými semienkami a pred podávaním necháme 10 minút postáť.

40. Manicotti plnené mangoldom

Vyrába 4 porcie

- 12 manicotti
- 3 lyžice olivového oleja
- 1 malá cibuľa, nasekaná
- 1 stredný zväzok mangold, orezané a nasekané tvrdé stonky
- 1 libra pevného tofu, scedené a rozdrobené
- Soľ a čerstvo mleté čierne korenie
- 1 šálka surových kešu oriešok

- 3 šálky obyčajného nesladeného sójového mlieka
- ¹/₈ lyžičiek mletého muškátového oriešnka
- ¹/₈ lyžičiek mletého kajenského korenia
- 1 šálka suchej neokorenenej strúhanky

Predhrejte rúru na 350 ° F. Misu na pečenie s rozmermi 9 x 13 palcov zľahka naolejujte a odložte.

V hrnci s vriacou osolenou vodou varíme na stredne vysokom ohni manicotti za občasného miešania, kým nie sú al dente, asi 8 minút. Dobre sceďte a sceďte pod studenou vodou. Odložte bokom.

Vo veľkej panvici zohrejte 1 polievkovú lyžicu oleja na strednom ohni. Pridajte cibuľu, prikryte a varte do zmäknutia asi 5 minút. Pridajte mangold, prikryte a varte, kým mangold nezmäkne, za občasného miešania asi 10 minút. Odstráňte z ohňa a pridajte tofu, premiešajte, aby sa dobre premiešal. Dobre dochutíme soľou a korením podľa chuti a odstavíme.

V mixéri alebo kuchynskom robote rozdrvte kešu oriešky na prášok. Pridajte 1 ¹/₂ šálky sójového mlieka, muškátový oriešok, kajenské korenie a soľ podľa chuti. Miešajte do hladka. Pridajte zvyšných 1 ¹/₂ šálky sójového mlieka a mixujte, kým nebude krémová. Ochutnajte, v prípade potreby upravte korenie.

Na dno pripraveného pekáča rozotrieme vrstvu omáčky. Zabaľte asi ¹/₃ šálky mangoldová plnka do manicotti. Plnené manicotti poukladajte v jednej vrstve do pekáča. Lyžicou nalejte zvyšnú omáčku na manicotti. V malej miske zmiešajte strúhanku a zvyšné 2 lyžice oleja a posypte manicotti. Zakryte alobalom a pečte, kým nebude horúca a bublinková, asi 30 minút. Podávajte ihneď

Vyrába 4 porcie

- 12 manicotti
- 1 lyžica olivového oleja
- 2 stredné šalotky, nasekané
- 2 (10-uncové) balíčky mrazeného nakrájaného špenátu, rozmrazeného
- 1 libra extra tuhého tofu, scedené a rozdrobené
- $1/4$ lyžičky mletého muškátového orieška
- Soľ a čerstvo mleté čierne korenie
- 1 šálka kúskov opečených vlašských orechov
- 1 šálka mäkkého tofu, scedeného a rozdrobeného
- $1/4$ šálky výživného droždia
- 2 šálky obyčajného nesladeného sójového mlieka
- 1 šálka suchej strúhanky

Predhrejte rúru na 350 ° F. Misu na pečenie s rozmermi 9 x 13 palcov zľahka naolejujte. V hrnci s vriacou osolenou vodou varíme na stredne vysokom ohni manicotti za občasného miešania, kým nie sú al dente, asi 10 minút. Dobre sceďte a sceďte pod studenou vodou. Odložte bokom.

Vo veľkej panvici zohrejte olej na strednom ohni. Pridajte šalotku a varte do zmäknutia, asi 5 minút. Špenát roztlačíme, aby sme odstránili čo najviac tekutiny a pridáme k šalotke. Dochutíme muškátovým orieškom, soľou a korením podľa chuti a varíme 5 minút a miešame, aby sa chute premiešali. Pridajte extra tuhé tofu a premiešajte, aby sa dobre premiešalo. Odložte bokom.

V kuchynskom robote spracujte vlašské orechy najemno pomleté. Pridajte mäkké tofu, výživné droždie, sójové mlieko a soľ a korenie podľa chuti. Spracujte do hladka.

Na dno pripravenej zapekacej misy rozotrieme vrstvu orechovej omáčky. Manicotti naplníme plnkou. Plnené manicotti poukladajte v jednej vrstve do pekáča. Na vrch naneste zvyšnú omáčku. Prikryjeme alobalom a pečieme do tepla, asi 30 minút. Odkryjeme, posypeme strúhankou a pečieme ešte 10 minút, aby vrch jemne zhnedol. Podávajte ihneď

41. Lasagne Veterníky

Vyrába 4 porcie

- 12 rezancov lasagne
- 4 šálky jemne zabaleného čerstvého špenátu
- 1 šálka uvarenej alebo konzervovanej bielej fazule, scedená a prepláchnutá
- 1 libra pevného tofu, scedíme a osušíme
- $1/2$ lyžičky soli
- $1/4$ lyžičky čerstvo mletého čierneho korenia
- $1/8$ lyžičiek mletého muškátového orieška
- 3 šálky marinara omáčky, domácej (pozri Marinara omáčka) alebo z obchodu

Predhrejte rúru na 350 ° F. V hrnci s vriacou osolenou vodou varíme rezance na stredne vysokej teplote za občasného miešania, kým nebudú al dente, asi 7 minút.

Vložte špenát do mikrovlnnej nádoby s 1 polievkovou lyžicou vody. Prikryte a vložte do mikrovlnnej rúry na 1 minútu, kým nezvädne. Vyberte z misky, vytlačte zvyšnú tekutinu. Špenát premiestnite do kuchynského robota a nakrájajte. Pridajte fazuľu, tofu, soľ a korenie a spracujte, kým sa dobre nespoja. Odložte bokom.

Ak chcete zostaviť veterníky, položte rezance na rovnú pracovnú plochu. Na povrch každej rezance rozotrieme asi 3 lyžice tofu-špenátovej zmesi a zvinieme. Opakujte so zvyšnými ingredienciami. Naneste vrstvu paradajkovej omáčky na dno plytkej zapekacej misky. Položte rolky zvisle na omáčku a na každý veterník naneste trochu zvyšnej omáčky. Prikryjeme alobalom a pečieme 30 minút. Ihneď podávajte.

42. Tekvicové ravioli s hráškom

Vyrába 4 porcie

- 1 šálka konzervovaného tekvicového pyré
- $1/2$ šálky extra tuhého tofu, dobre odkvapkaného a rozmrveného
- 2 lyžice mletej čerstvej petržlenovej vňate

- Štipka mletého muškátového oriešku
- Soľ a čerstvo mleté čierne korenie
- 1 recept [Cesto na cestoviny bez vajec](#)
- 2 alebo 3 stredné šalotky, pozdĺžne rozpolené a nakrájané na $^1/_4$-palcové plátky
- 1 šálka mrazeného detského hrášku, rozmrazeného

Pomocou papierovej utierky odsajte prebytočnú tekutinu z tekvice a tofu a potom v kuchynskom robote zmiešajte s výživným droždím, petržlenovou vňaťou, muškátovým orieškom a soľou a korením podľa chuti. Odložte bokom.

Na prípravu raviol rozvaľkajte cesto na tenko na pomúčenej doske. Cesto nakrájajte na

2-palcové pásy. Umiestnite 1 vrchovatú čajovú lyžičku plnky na 1 pásik cestovín, asi 1 palec od vrchu. Položte ďalšiu lyžičku plnky na pásik cestovín, asi palec pod prvú lyžicu plnky. Opakujte po celej dĺžke pásu cesta. Okraje cesta zľahka namočte vodou a na prvý položte druhý pásik cestovín, ktorý zakryje plnku. Dve vrstvy cesta pritlačte k sebe medzi časťami náplne. Pomocou noža odrežte strany cesta, aby bolo rovné, a potom narežte naprieč cesta medzi každý kopec plnky, aby ste vytvorili štvorcové ravioli. Pred uzavretím nezabudnite vytlačiť vzduchové vrecká okolo náplne. Pomocou hrotov vidličky zatlačte pozdĺž okrajov cesta, aby ste ravioli uzavreli. Ravioli preložíme na pomúčenú dosku a zopakujeme so zvyšným cestom a omáčkou. Odložte bokom.

Vo veľkej panvici zohrejte olej na strednom ohni. Pridajte šalotku a varte za občasného miešania, kým nie je šalotka tmavo zlatá, ale nie spálená, asi 15 minút. Vmiešame hrášok a dochutíme soľou a korením podľa chuti. Udržujte v teple na veľmi nízkej teplote.

Vo veľkom hrnci s vriacou osolenou vodou varíme ravioli, kým nevyplávajú na povrch, asi 5 minút. Dobre sceďte a presuňte na panvicu so šalotkou a hráškom. Varte minútu alebo dve, aby sa chute premiešali, a potom preneste do veľkej servírovacej misy. Dochutíme množstvom korenia a ihneď podávame.

43. Artičokovo-orechové ravioli

Vyrába 4 porcie

- $1/3$ šálky plus 2 lyžice olivového oleja
- 3 strúčiky cesnaku, mleté
- 1 (10 uncový) balík mrazeného špenátu, rozmrazený a vyžmýkaný do sucha
- 1 šálka mrazených artičokových sŕdc, rozmrazených a nasekaných
- $1/3$ šálky pevného tofu, scedené a rozdrobené
- 1 šálka kúskov opečených vlašských orechov
- $1/4$ šálky tesne zabalenej čerstvej petržlenovej vňate
- Soľ a čerstvo mleté čierne korenie
- 1 recept Cesto na cestoviny bez vajec
- 12 čerstvých listov šalvie

Vo veľkej panvici zohrejte 2 polievkové lyžice oleja na strednom ohni. Pridajte cesnak, špenát a artičokové srdiečka. Zakryte a varte, kým cesnak nezmäkne a tekutina sa nevstrebe, asi 3 minúty za občasného miešania. Zmes preložíme do kuchynského robota. Pridajte tofu, $1/4$ šálky vlašských orechov, petržlen a soľ a korenie podľa chuti. Spracujte do mletia a dôkladne premiešajte.

Odložíme nabok vychladnúť.

Na prípravu raviol rozvaľkajte cesto veľmi tenko (asi $1/8$ palca) na jemne pomúčenej doske a nakrájajte na 2-palcové pásy. Umiestnite 1 vrchovatú čajovú lyžičku plnky na pásik cestovín, asi 1 palec od vrchu. Položte ďalšiu lyžičku náplne na pásik cestovín, asi 1 palec pod prvú lyžicu náplne. Opakujte po celej dĺžke pásu cesta.

Okraje cesta zľahka namočte vodou a na prvý položte druhý pásik cestovín, ktorý zakryje plnku.

Dve vrstvy cesta pritlačte k sebe medzi časťami náplne. Pomocou noža odrežte strany cesta, aby bolo rovné, a potom narežte naprieč cesta medzi každým kopcom plnky, aby ste vytvorili štvorcové ravioli. Pomocou hrotov vidličky zatlačte pozdĺž okrajov cesta, aby ste ravioli uzavreli. Ravioli preložíme na pomúčenú dosku a zopakujeme so zvyšným cestom a náplňou.

Ravioli varte vo veľkom hrnci s vriacou osolenou vodou, kým nevyplávajú na povrch, asi 7 minút. Dobre sceďte a odložte. Vo veľkej panvici zohrejte zvyšnú $1/3$ šálky oleja na strednom ohni. Pridať šalviu a zvyšné $3/4$ šálky vlašských orechov a varte, kým šalvia nebude chrumkavá a vlašské orechy nebudú voňavé.

Pridajte uvarené ravioli a varte za mierneho miešania, aby sa obalili omáčkou a prehrejte. Ihneď podávajte.

44. Tortellini s pomarančovou omáčkou

Vyrába 4 porcie

- 1 lyžica olivového oleja
- 3 strúčiky cesnaku, jemne nasekané
- 1 šálka pevného tofu, scedené a rozdrobené
- ¾ šálky nasekanej čerstvej petržlenovej vňate
- ¼ šálky vegánskeho parmezánu alebo parmasia
- Soľ a čerstvo mleté čierne korenie
- 1 recept Cesto na cestoviny bez vajec
- 2 ½ šálky marinara omáčky, domácej (pozri Marinara omáčka) alebo kôry z 1 pomaranča zakúpenej v obchode
- ½ lyžičky drvenej červenej papriky

- ¹/₂ šálky sójovej smotany alebo obyčajného nesladeného sójového mlieka

Vo veľkej panvici zohrejte olej na strednom ohni. Pridajte cesnak a varte do mäkka, asi 1 minútu. Vmiešame tofu, petržlenovú vňať, parmezán a podľa chuti soľ a čierne korenie. Miešajte, kým sa dobre nezmieša. Odložte nabok vychladnúť.

Na prípravu tortellini rozvaľkajte cesto na tenko (asi ¹/₈ palca) a nakrájajte na 2 ¹/₂ palcové štvorce. Miesto

1 čajová lyžička plnky tesne mimo stredu a jeden roh cestoviny preložte cez plnku, aby ste vytvorili trojuholník. Zatlačte okraje k sebe, aby ste ich utesnili, potom omotajte trojuholník so stredovým bodom nadol okolo ukazováka a konce stlačte k sebe, aby sa prilepili. Zložte hrot trojuholníka a stiahnite prst. Odložíme na jemne pomúčenú dosku a pokračujeme zvyškom cesta a plnkou.

Vo veľkej panvici zmiešajte omáčku marinara, pomarančovú kôru a drvenú červenú papriku. Zahrejte do horúca, potom vmiešajte sójovú smotanu a udržiavajte v teple na veľmi miernom ohni.

V hrnci s vriacou osolenou vodou varte tortellini, kým nevyplávajú na vrch, asi 5 minút. Dobre sceďte a preneste do veľkej servírovacej misy. Pridajte omáčku a jemne premiešajte, aby sa spojila. Ihneď podávajte.

45. Zeleninové Lo Mein s tofu

Vyrába 4 porcie

- 12 uncí linguine
- 1 lyžica praženého sezamového oleja
- 3 lyžice sójovej omáčky
- 2 lyžice suchého sherry
- 1 lyžica vody
- Štipka cukru
- 1 lyžica kukuričného škrobu

- 2 polievkové lyžice repkového alebo hroznového oleja
- 1 libra extra tuhého tofu, scedené a nakrájané na kocky
- 1 stredná cibuľa, rozpolená a nakrájaná na tenké plátky
- 3 šálky malých ružičiek brokolice
- 1 stredná mrkva, nakrájaná na $1/4$ palcové plátky
- 1 šálka nakrájaných čerstvých shiitake alebo bielych húb
- 2 strúčiky cesnaku, mleté
- 2 čajové lyžičky strúhaného čerstvého zázvoru
- 2 zelené cibule, nakrájané

Vo veľkom hrnci s vriacou osolenou vodou varte linguine za občasného miešania do mäkka, asi 10 minút. Dobre sceďte a preložte do misy. Pridajte 1 čajovú lyžičku sezamového oleja a premiešajte. Odložte bokom.

V malej miske zmiešajte sójovú omáčku, sherry, vodu, cukor a zvyšné 2 lyžičky sezamového oleja. Pridajte kukuričný škrob a miešajte, aby sa rozpustil. Odložte bokom.

Vo veľkej panvici alebo woku zohrejte 1 polievkovú lyžicu repky na stredne vysokú teplotu. Pridajte tofu a varte do zlatista, asi 10 minút. Odstráňte z panvice a odložte.

Zohrejte zvyšný repkový olej v tej istej panvici. Pridajte cibuľu, brokolicu a mrkvu a za stáleho miešania smažte, kým nezmäknú, asi 7 minút. Pridajte huby, cesnak, zázvor a zelenú cibuľku a za stáleho miešania smažte 2 minúty. Vmiešajte omáčku a uvarené linguine a premiešajte, aby sa dobre premiešali. Varte, kým sa neprehreje. Ochutnajte, upravte korenie a v prípade potreby pridajte viac sójovej omáčky. Ihneď podávajte.

46. Pad Thai

Vyrába 4 porcie

- 12 uncí sušených ryžových rezancov
- $1/3$ šálky sójovej omáčky
- 2 lyžice čerstvej limetkovej šťavy
- 2 lyžice svetlo hnedého cukru
- 1 polievková lyžica tamarindovej pasty (pozri nadpis)
- 1 lyžica paradajkovej pasty
- 3 lyžice vody
- $1/2$ lyžičky drvenej červenej papriky
- 3 lyžice repkového alebo hroznového oleja
- 1 libra extra tuhého tofu, scedené, lisované (pozri Tofu) a nakrájané na $1/2$-palcové kocky

- 4 zelené cibule, mleté
- 2 strúčiky cesnaku, mleté
- $1/3$ šálky nahrubo nasekaných nasucho opražených nesolených arašidov
- 1 šálka fazuľových klíčkov, na ozdobu
- 1 limetka, nakrájaná na mesiačiky, na ozdobu

Namočte rezance do veľkej misky horúcej vody, kým nezmäknú, 5 až 15 minút, v závislosti od hrúbky rezancov. Dobre sceďte a opláchnite pod studenou vodou. Scedené rezance preložíme do veľkej misy a odložíme.

V malej miske zmiešajte sójovú omáčku, limetkovú šťavu, cukor, tamarindovú pastu, paradajkovú pastu, vodu a drvenú červenú papriku. Premiešame, aby sa dobre premiešalo a odstavíme.

Vo veľkej panvici alebo woku zohrejte 2 polievkové lyžice oleja na strednom ohni. Pridajte tofu a za stáleho miešania smažte do zlatista, asi 5 minút. Preložíme na tanier a odložíme bokom.

V tej istej panvici alebo woku zohrejte zvyšnú 1 polievkovú lyžicu oleja na strednom ohni. Pridajte cibuľu a restujte 1 minútu. Pridajte zelenú cibuľku a cesnak, za stáleho miešania smažte 30 sekúnd, potom pridajte uvarené tofu a varte asi 5 minút za občasného miešania do zlatista. Pridajte uvarené rezance a premiešajte, aby sa spojili a prehriali.

Vmiešajte omáčku a varte, premiešajte, aby ste obalili, v prípade potreby pridajte jednu alebo dve ďalšie vody. aby sa zabránilo prilepeniu. Keď sú rezance horúce a mäkké, nakopte ich na servírovací tanier a posypte arašidmi a koriandrom. Ozdobte fazuľovými klíčkami a kolieskami limetky na boku taniera. Podávajte horúce.

47. Opité špagety s tofu

Vyrába 4 porcie

- 12 uncí špagiet
- 3 lyžice sójovej omáčky
- 1 polievková lyžica vegetariánskej ustricovej omáčky (voliteľné)
- 1 lyžička svetlohnedého cukru
- 8 uncí extra tuhého tofu, scedené a lisované (pozri Tofu)
- 2 polievkové lyžice repkového alebo hroznového oleja
- 1 stredne veľká červená cibuľa, nakrájaná na tenké plátky

- 1 stredne veľká červená paprika, nakrájaná na tenké plátky
- 1 šálka snehového hrášku, orezaného
- 2 strúčiky cesnaku, mleté
- $1/2$ lyžičky drvenej červenej papriky
- 1 šálka čerstvých listov thajskej bazalky

V hrnci s vriacou osolenou vodou varte špagety na stredne silnom ohni za občasného miešania, kým nie sú al dente, asi 8 minút. Dobre sceďte a preložte do veľkej misy. V malej miske zmiešajte sójovú omáčku, ustricovú omáčku, ak ju používate, a cukor. Dobre premiešajte, potom nalejte na odložené špagety a premiešajte, aby sa obalili. Odložte bokom.

Tofu nakrájajte na $1/2$-palcové prúžky. Vo veľkej panvici alebo woku zohrejte 1 polievkovú lyžicu oleja na stredne vysokú teplotu. Pridajte tofu a varte dozlatista, asi 5 minút. Odstráňte z panvice a odložte.

Vráťte panvicu na oheň a pridajte zvyšnú 1 polievkovú lyžicu repkového oleja. Pridajte cibuľu, papriku, snehový hrášok, cesnak a drvenú červenú papriku. Za stáleho miešania opekajte, kým zelenina nezmäkne, asi 5 minút. Pridajte uvarené špagety a zmes omáčky, uvarené tofu a bazalku a za stáleho miešania smažte, kým nebude horúca, asi 4 minúty.

TEMPEH

1. **Špagety v štýle Carbonara**

Vyrába 4 porcie

- 2 lyžice olivového oleja
- 3 stredné šalotky, mleté
- 4 unce tempehovej slaniny, domácej (pozri Tempeh Bacon) alebo z obchodu, nasekanej
- 1 šálka obyčajného nesladeného sójového mlieka
- $1/2$ šálky mäkkého alebo hodvábneho tofu, scedené
- $1/4$ šálky výživného droždia
- Soľ a čerstvo mleté čierne korenie
- 1 libra špagiet
- 3 lyžice mletej čerstvej petržlenovej vňate

Vo veľkej panvici zohrejte olej na strednom ohni. Pridajte šalotku a varte do mäkka, asi 5 minút. Pridajte tempehovú slaninu a za častého miešania opekajte, kým jemne nezhnedne, asi 5 minút. Odložte bokom.

V mixéri zmiešajte sójové mlieko, tofu, nutričné droždie a soľ a korenie podľa chuti. Miešajte do hladka. Odložte bokom.

Vo veľkom hrnci s vriacou osolenou vodou varte špagety na stredne vysokom ohni za občasného miešania, kým nie sú al dente, asi 10 minút. Dobre sceďte a preneste do veľkej servírovacej misy. Pridajte tofu zmes, $1/4$ šálky parmezánu a všetky okrem 2 polievkových lyžíc zmesi tempehovej slaniny.

Jemne premiešajte, aby sa spojili a ochutnali, v prípade potreby upravte korenie, ak je príliš suché, pridajte trochu viac sójového mlieka. Navrch pridajte niekoľko mletých korení, zvyšnú tempehovú slaninu, zvyšný parmezán a petržlenovú vňať. Ihneď podávajte.

2. Tempeh a zeleninová praženica

Vyrába 4 porcie

- 10 uncí tempehu
- Soľ a čerstvo mleté čierne korenie
- 2 čajové lyžičky kukuričného škrobu
- 4 šálky malých ružičiek brokolice
- 2 polievkové lyžice repkového alebo hroznového oleja
- 2 lyžice sójovej omáčky
- 2 lyžice vody
- 1 polievková lyžica mirin
- $1/2$ lyžičky drvenej červenej papriky
- 2 čajové lyžičky praženého sezamového oleja
- 1 stredne veľká červená paprika, nakrájaná na $1/2$-palcové plátky
- 6 uncí bielych húb, zľahka opláchnutých, osušených a nakrájaných na $1/2$-palcové plátky
- 2 strúčiky cesnaku, mleté

- 3 lyžice mletej zelenej cibule
- 1 lyžička strúhaného čerstvého zázvoru

V strednom hrnci s vriacou vodou varte tempeh 30 minút. Scedíme, osušíme a necháme vychladnúť. Tempeh nakrájajte na $1/2$ palcové kocky a vložte do plytkej misky. Dochutíme soľou a čiernym korením podľa chuti, posypeme kukuričným škrobom a premiešame. Odložte bokom.

Brokolicu zľahka poduste takmer do mäkka, asi 5 minút. Spustite pod studenou vodou, aby ste zastavili proces varenia a zachovali si jasne zelenú farbu. Odložte bokom.

Vo veľkej panvici alebo woku zohrejte 1 polievkovú lyžicu kanolového oleja na stredne vysokú teplotu. Pridajte tempeh a za stáleho miešania smažte do zlatista, asi 5 minút. Odstráňte z panvice a odložte.

V malej miske zmiešajte sójovú omáčku, vodu, mirin, drvenú červenú papriku a sezamový olej. Odložte bokom.

Zohrejte rovnakú panvicu na stredne vysokú teplotu. Pridajte zvyšnú 1 polievkovú lyžicu repkového oleja. Pridajte papriku a huby a za stáleho miešania smažte, kým nezmäknú, asi 3 minúty. Pridajte cesnak, zelenú cibuľku a zázvor a za stáleho miešania smažte 1 minútu. Pridajte dusenú brokolicu a vyprážaný tempeh a za stáleho miešania smažte 1 minútu. Vmiešame zmes sójovej omáčky a za stáleho miešania restujeme, kým tempeh a zelenina nie sú horúce a dobre potiahnuté omáčkou. Ihneď podávajte.

3. Teriyaki Tempeh

Vyrába 4 porcie

- 1 libra tempehu, nakrájaná na $1/4$ palcové plátky
- $1/4$ šálky čerstvej citrónovej šťavy
- 1 lyžička mletého cesnaku
- 2 lyžice mletej zelenej cibule
- 2 čajové lyžičky strúhaného čerstvého zázvoru
- 1 lyžica cukru
- 2 lyžice praženého sezamového oleja
- 1 lyžica kukuričného škrobu
- 2 lyžice vody
- 2 polievkové lyžice repkového alebo hroznového oleja

V strednom hrnci s vriacou vodou varte tempeh 30 minút. Scedíme a dáme do veľkej plytkej misky. V malej miske zmiešajte sójovú omáčku, citrónovú šťavu, cesnak, zelenú cibuľu, zázvor, cukor, sezamový olej, kukuričný škrob a vodu. Dobre premiešajte a potom nalejte marinádu na uvarený tempeh, aby ste ho obalili. Tempeh marinujte 1 hodinu.

Vo veľkej panvici zohrejte repkový olej na strednom ohni. Vyberte tempeh z marinády, marinádu si ponechajte. Pridajte tempeh na rozpálenú panvicu a varte do zlatista na oboch stranách, asi 4 minúty na každej strane. Pridáme odloženú marinádu a dusíme, kým tekutina nezhustne, asi 8 minút. Ihneď podávajte.

4. **Grilovaný Tempeh**

Vyrába 4 porcie

- 1 libra tempehu, nakrájaná na 2-palcové tyčinky
- 2 lyžice olivového oleja
- 1 stredná cibuľa, mletá
- 1 stredne mletá červená paprika
- 2 strúčiky cesnaku, mleté
- (14,5 unce) drvené paradajky
- 2 lyžice tmavej melasy
- 2 lyžice jablčného octu
- lyžica sójovej omáčky
- 2 čajové lyžičky pikantnej hnedej horčice
- 1 lyžica cukru
- $1/2$ lyžičky soli
- $1/4$ lyžičky mletého nového korenia
- $1/4$ lyžičky mletého kajenského korenia

V strednom hrnci s vriacou vodou varte tempeh 30 minút. Scedíme a odložíme.

Vo veľkom hrnci zohrejte 1 polievkovú lyžicu oleja na strednom ohni. Pridajte cibuľu, papriku a cesnak. Prikryjeme a varíme do zmäknutia, asi 5 minút. Vmiešajte paradajky, melasu, ocot, sójovú omáčku, horčicu, cukor, soľ, nové korenie a kajenské korenie a priveďte do varu. Znížte teplotu na minimum a dusíme bez pokrievky 20 minút.

Vo veľkej panvici zohrejte zvyšnú 1 lyžicu oleja na strednom ohni. Pridajte tempeh a varte do zlatista, raz otočte, asi 10 minút. Pridajte toľko omáčky, aby sa tempeh bohato obalil. Prikryjeme a dusíme, aby sa chute prepojili, asi 15 minút. Ihneď podávajte.

5. Pomarančovo-bourbonský tempeh

Pripraví 4 až 6 porcií

- 2 šálky vody
- $1/2$ šálky sójovej omáčky
- tenké plátky čerstvého zázvoru
- 2 strúčiky cesnaku, nakrájané na plátky
- 1 libra tempehu, nakrájaného na tenké plátky
- Soľ a čerstvo mleté čierne korenie
- $1/4$ šálky repkového alebo hroznového oleja
- 1 polievková lyžica svetlohnedého cukru
- $1/8$ lyžičiek mletého nového korenia
- $1/3$ šálky čerstvej pomarančovej šťavy
- $1/4$ šálky bourbonu alebo 5 plátkov pomaranča, rozpolených
- 1 lyžica kukuričného škrobu zmiešaná s 2 lyžicami vody

Vo veľkom hrnci zmiešajte vodu, sójovú omáčku, zázvor, cesnak a pomarančovú kôru. Tempeh vložte do marinády a priveďte do varu. Znížte teplotu na minimum a varte 30 minút. Vyberte tempeh z marinády, marinádu si ponechajte. Tempeh posypte soľou a korením podľa chuti. Vložte múku do plytkej misky. Uvarený tempeh posypte múkou a odstavte.

Vo veľkej panvici zohrejte olej na strednom ohni. Pridajte tempeh, v prípade potreby po dávkach, a varte do zhnednutia na oboch stranách, asi 4 minúty z každej strany. Postupne vmiešame odloženú marinádu. Pridajte cukor, nové korenie, pomarančový džús a bourbon. Na vrch tempehu položte plátky pomaranča. Prikryjeme a dusíme, kým omáčka nie je sirupová a chute sa nespoja, asi 20 minút.

Pomocou štrbinovej lyžice alebo špachtle vyberte tempeh z panvice a preneste ho na servírovací tanier. Udržovať v teple. Do omáčky pridáme zmes kukuričného škrobu a za stáleho miešania varíme do zhustnutia. Znížte teplotu na minimum a za stáleho miešania dusíme odokryté, kým omáčka nezhustne. Omáčku nalejte na tempeh a ihneď podávajte.

6. Tempeh a sladké zemiaky

Vyrába 4 porcie

- 1 libra tempehu
- 2 lyžice sójovej omáčky
- 1 lyžička mletého koriandra
- $1/2$ lyžičky kurkumy
- 2 lyžice olivového oleja
- 3 veľké šalotky, nasekané
- 1 alebo 2 stredné sladké zemiaky, ošúpané a nakrájané na $1/2$-palcové kocky
- 2 čajové lyžičky strúhaného čerstvého zázvoru
- 1 šálka ananásovej šťavy
- 2 čajové lyžičky svetlohnedého cukru
- Šťava z 1 limetky

V strednom hrnci s vriacou vodou varte tempeh 30 minút. Preneste ho do plytkej misky. Pridajte 2 polievkové lyžice sójovej omáčky, koriander a kurkumu, premiešajte, aby ste obalili. Odložte bokom.

Vo veľkej panvici zohrejte 1 polievkovú lyžicu oleja na strednom ohni. Pridajte tempeh a varte do zhnednutia na oboch stranách, asi 4 minúty na každej strane. Odstráňte z panvice a odložte.

V tej istej panvici zohrejte zvyšné 2 lyžice oleja na strednom ohni. Pridajte šalotku a sladké zemiaky. Prikryte a varte, kým mierne nezmäkne a nezhnedne, asi 10 minút. Vmiešajte zázvor, ananásovú šťavu, zvyšnú 1 polievkovú lyžicu sójovej omáčky a cukor a miešajte, aby sa spojili. Znížte teplotu na minimum, pridajte uvarený tempeh, prikryte a varte, kým zemiaky nezmäknú, asi 10 minút. Tempeh a sladké zemiaky preložíme do servírovacej misky a udržiavame v teple. Do omáčky vmiešame limetkovú šťavu a 1 minútu povaríme, aby sa chute prepojili. Tempeh pokvapkáme omáčkou a ihneď podávame.

7. Kreolský Tempeh

Pripraví 4 až 6 porcií

- 1 libra tempehu, nakrájaná na $1/4$ palcové plátky
- $1/4$ šálky sójovej omáčky
- 2 lyžice kreolského korenia
- $1/2$ šálky viacúčelovej múky
- 2 lyžice olivového oleja
- 1 stredne sladká žltá cibuľa, nakrájaná
- 2 zelerové rebrá, nakrájané
- 1 stredne nasekaná zelená paprika
- 3 strúčiky cesnaku, nasekané
- 1 (14,5 unce) konzervy paradajok nakrájaných na kocky, scedené
- 1 lyžička sušeného tymiánu
- $1/2$ šálky suchého bieleho vína
- Soľ a čerstvo mleté čierne korenie

Tempeh vložte do veľkého hrnca s dostatočným množstvom vody na zakrytie. Pridajte sójovú omáčku a 1 polievkovú lyžicu kreolského korenia. Prikryjeme a dusíme 30 minút. Vyberte tempeh z tekutiny a odložte bokom, pričom tekutinu ponechajte.

V plytkej miske zmiešajte múku so zvyšnými 2 lyžicami kreolského korenia a dobre premiešajte. Tempeh premiešajte v múčnej zmesi a dobre potiahnite. Vo veľkej panvici zohrejte 1 polievkovú lyžicu oleja na strednom ohni. Pridajte vylúpaný tempeh a varte do zhnednutia z oboch strán, asi 4 minúty z každej strany. Vyberte tempeh z panvice a odložte.

V tej istej panvici zohrejte zvyšnú 1 polievkovú lyžicu oleja na strednom ohni. Pridajte cibuľu, zeler, papriku a cesnak. Prikryjeme a varíme, kým zelenina nezmäkne, asi 10 minút. Vmiešajte paradajky, potom pridajte tempeh späť do panvice spolu s tymianom, vínom a 1 šálkou odloženej tekutiny na varenie. Dochutíme soľou a korením podľa chuti. Priveďte do varu a odkryté varte asi 30 minút, aby sa tekutina zredukovala a chute sa prepojili. Ihneď podávajte.

8. **Tempeh s citrónom a kapary**

Pripraví 4 až 6 porcií

- 1 libra tempehu, nakrájaná vodorovne na $1/4$ - palcové plátky
- $1/2$ šálky sójovej omáčky
- $1/2$ šálky viacúčelovej múky
- Soľ a čerstvo mleté čierne korenie
- 2 lyžice olivového oleja
- 2 stredné šalotky, mleté
- 2 strúčiky cesnaku, mleté
- 2 lyžice kapary
- $1/2$ šálky suchého bieleho vína
- $1/2$ šálky zeleninového vývaru, domáceho (pozri Svetlý zeleninový vývar) alebo z obchodu
- 2 polievkové lyžice vegánskeho margarínu
- Šťava z 1 citróna
- 2 lyžice mletej čerstvej petržlenovej vňate

Tempeh vložte do veľkého hrnca s dostatočným množstvom vody na zakrytie. Pridajte sójovú omáčku a varte 30 minút. Tempeh vyberieme z hrnca a necháme vychladnúť. V plytkej miske zmiešajte múku a soľ a korenie podľa chuti. Tempeh premiešajte v múčnej zmesi, obaľte obe strany. Odložte bokom.

Vo veľkej panvici zohrejte 2 polievkové lyžice oleja na strednom ohni. Pridajte tempeh, v prípade potreby po dávkach, a varte do zhnednutia na oboch stranách, celkovo asi 8 minút. Vyberte tempeh z panvice a odložte.

V tej istej panvici zohrejte zvyšnú 1 polievkovú lyžicu oleja na strednom ohni. Pridajte šalotku a varte asi 2 minúty. Pridajte cesnak, potom vmiešajte kapary, víno a vývar. Vráťte tempeh na panvicu a varte 6 až 8 minút. Vmiešajte margarín, citrónovú šťavu a petržlenovú vňať a miešajte, aby sa margarín roztopil. Ihneď podávajte.

9. Tempeh s javorovo-balzamikovou glazúrou

Vyrába 4 porcie

- 1 libra tempehu, nakrájaná na 2-palcové tyčinky
- 2 lyžice balzamikového octu
- 2 polievkové lyžice čistého javorového sirupu
- 1 $1/2$ lyžice pikantnej hnedej horčice
- 1 lyžička omáčky Tabasco
- 1 lyžica olivového oleja
- 2 strúčiky cesnaku, mleté
- $1/2$ šálky zeleninového vývaru, domáceho (pozri Svetlý zeleninový vývar) alebo z obchodu Soľ a čerstvo mleté čierne korenie

V strednom hrnci s vriacou vodou varte tempeh 30 minút. Scedíme a vysušíme.

V malej miske zmiešajte ocot, javorový sirup, horčicu a Tabasco. Odložte bokom.

Vo veľkej panvici zohrejte olej na strednom ohni. Pridajte tempeh a opekajte, kým z oboch strán nezhnedne, raz otočte, asi 4 minúty z každej strany. Pridajte cesnak a varte ešte 30 sekúnd.

Primiešame vývar a podľa chuti soľ a korenie. Zvýšte teplotu na stredne vysokú a varte odokryté asi 3 minúty, alebo kým sa tekutina takmer neodparí.

Pridajte odloženú horčičnú zmes a varte 1 až 2 minúty, pričom tempeh otáčajte, aby sa obalil omáčkou a pekne zosklovatel. Dávajte pozor, aby ste neprihoreli. Ihneď podávajte.

10. Lákavé Tempeh Chili

Pripraví 4 až 6 porcií

- 1 libra tempehu
- 1 lyžica olivového oleja
- 1 stredne žltá cibuľa, nakrájaná
- 1 stredne nasekaná zelená paprika
- 2 strúčiky cesnaku, mleté
- lyžice čili prášku
- 1 čajová lyžička sušeného oregana
- 1 lyžička mletého kmínu

- (28 uncí) drvené paradajky
- $1/2$ šálky vody, plus viac, ak je to potrebné
- 1 $1/2$ šálky uvarenej alebo 1 (15,5 unce) plechovky fazule, scedenej a prepláchnutej
- 1 (4-uncová) plechovka nakrájaných jemne zelených čili papŕik, scedených
- Soľ a čerstvo mleté čierne korenie
- 2 polievkové lyžice mletého čerstvého koriandra

V strednom hrnci s vriacou vodou varte tempeh 30 minút. Scedíme a necháme vychladnúť, potom nadrobno nasekáme a odložíme.

Vo veľkom hrnci rozohrejeme olej. Pridajte cibuľu, papriku a cesnak, prikryte a varte, kým nezmäknú, asi 5 minút. Pridajte tempeh a varte odokryté dozlatista asi 5 minút. Pridajte čili prášok, oregano a rascu. Vmiešame paradajky, vodu, fazuľu a čili. Dochutíme soľou a čiernym korením podľa chuti. Dobre premiešajte, aby sa spojili.

Priveďte do varu, potom znížte teplotu na minimum, prikryte a varte 45 minút za občasného miešania a v prípade potreby pridajte trochu vody.

Posypte koriandrom a ihneď podávajte.

11. Tempeh Cacciatore

Pripraví 4 až 6 porcií

- 1 libra tempehu, nakrájaného na tenké plátky
- 2 polievkové lyžice repkového alebo hroznového oleja
- 1 stredne veľká červená cibuľa, nakrájaná na $1/2$ palcové kocky
- stredne červená paprika, nakrájaná na $1/2$ palcové kocky
- stredná mrkva, nakrájaná na $1/4$ palcové plátky
- 2 strúčiky cesnaku, mleté
- 1 (28 uncí) plechovka paradajok nakrájaných na kocky, scedené
- $1/4$ šálky suchého bieleho vína
- 1 čajová lyžička sušeného oregana
- 1 lyžička sušenej bazalky
- Soľ a čerstvo mleté čierne korenie

V strednom hrnci s vriacou vodou varte tempeh 30 minút. Scedíme a vysušíme.

Vo veľkej panvici zohrejte 1 polievkovú lyžicu oleja na strednom ohni. Pridajte tempeh a varte do zhnednutia na oboch stranách, celkovo 8 až 10 minút. Odstráňte z panvice a odložte.

V tej istej panvici zohrejte zvyšnú 1 polievkovú lyžicu oleja na strednom ohni. Pridajte cibuľu, papriku, mrkvu a cesnak. Prikryjeme a varíme do zmäknutia asi 5 minút. Pridajte paradajky, víno, oregano, bazalku, soľ a čierne korenie podľa chuti a priveďte do varu. Znížte teplotu na minimum, pridajte odložený tempeh a dusíme odkryté, kým zelenina nie je mäkká a chute sa dobre prepoja, asi 30 minút. Ihneď podávajte.

12. Indonézsky Tempeh V Kokosovej Omáčke

Pripraví 4 až 6 porcií

- 1 libra tempehu, nakrájaná na $1/4$ - palcové plátky
- 2 polievkové lyžice repkového alebo hroznového oleja
- 1 stredne žltá cibuľa, nakrájaná
- 3 strúčiky cesnaku, mleté
- 1 stredne nasekaná červená paprika
- 1 stredne nasekaná zelená paprika
- 1 alebo 2 malé Serrano alebo iné čerstvé horúce chilli papričky, zbavené semienok a mleté
- 1 (14,5 unce) konzervy paradajok nakrájaných na kocky, scedené
- 1 (13,5 unce) plechovka nesladeného kokosového mlieka
- Soľ a čerstvo mleté čierne korenie
- $1/2$ šálky nesolených pražených arašidov, mletých alebo drvených, na ozdobu
- 2 polievkové lyžice mletého čerstvého koriandra na ozdobu

V strednom hrnci s vriacou vodou varte tempeh 30 minút. Scedíme a vysušíme.

Vo veľkej panvici zohrejte 1 polievkovú lyžicu oleja na strednom ohni. Pridajte tempeh a varte do zlatista z oboch strán, asi 10 minút. Odstráňte z panvice a odložte.

V tej istej panvici zohrejte zvyšnú 1 polievkovú lyžicu oleja na strednom ohni. Pridajte cibuľu, cesnak, červenú a zelenú papriku a čili. Prikryjeme a varíme do zmäknutia, asi 5 minút. Vmiešame paradajky a kokosové mlieko. Znížte teplotu na minimum, pridajte odložený tempeh, dochuťte soľou a korením podľa chuti a dusíme odkryté, kým sa omáčka trochu nezredukuje, asi 30 minút. Posypte arašidmi a koriandrom a ihneď podávajte.

13. Zázvorovo-arašidový tempeh

Vyrába 4 porcie

- 1 libra tempehu, nakrájaná na $1/2$ palcové kocky
- 2 polievkové lyžice repkového alebo hroznového oleja
- stredne červená paprika, nakrájaná na $1/2$ palcové kocky
- 3 strúčiky cesnaku, mleté
- malý zväzok zelenej cibule, nasekané
- 2 lyžice strúhaného čerstvého zázvoru
- 2 lyžice sójovej omáčky
- 1 lyžica cukru
- $1/4$ lyžičky drvenej červenej papriky
- 1 lyžica kukuričného škrobu
- 1 šálka vody
- 1 šálka drvených nesolených pražených arašidov
- 2 polievkové lyžice mletého čerstvého koriandra

V strednom hrnci s vriacou vodou varte tempeh 30 minút. Scedíme a vysušíme. Vo veľkej panvici alebo woku rozohrejte olej na strednom ohni. Pridajte tempeh a varte, kým jemne nezhnedne, asi 8 minút. Pridajte papriku a za stáleho miešania smažte, kým nezmäkne, asi 5 minút. Pridajte cesnak, zelenú cibuľku a zázvor a za stáleho miešania smažte, kým nezavonia, 1 minútu.

V malej miske zmiešajte sójovú omáčku, cukor, drvenú červenú papriku, kukuričný škrob a vodu. Dobre premiešajte a potom nalejte do panvice. Varte za stáleho miešania 5 minút, kým mierne nezhustne. Vmiešame arašidy a koriandr. Ihneď podávajte.

14. Tempeh so zemiakmi a kapustou

Vyrába 4 porcie

- 1 libra tempehu, nakrájaná na $1/2$-palcové kocky
- 2 polievkové lyžice repkového alebo hroznového oleja
- 1 stredne žltá cibuľa, nakrájaná
- 1 stredná mrkva, nakrájaná
- 1 $1/2$ lyžice sladkej maďarskej papriky
- 2 stredne hnedé zemiaky, ošúpané a nakrájané na $1/2$-palcové kocky
- 3 šálky strúhanej kapusty
- 1 (14,5 unce) konzervy paradajok nakrájaných na kocky, scedené
- $1/4$ šálky suchého bieleho vína
- 1 šálka zeleninového vývaru, domáceho (pozri Svetlý zeleninový vývar) alebo z obchodu Soľ a čerstvo mleté čierne korenie
- $1/2$ šálky vegánskej kyslej smotany, domácej (pozri Tofu kyslá smotana) alebo kúpenej v obchode (voliteľné)

V strednom hrnci s vriacou vodou varte tempeh 30 minút. Scedíme a vysušíme.

Vo veľkej panvici zohrejte 1 polievkovú lyžicu oleja na strednom ohni. Pridajte tempeh a varte do zlatista z oboch strán, asi 10 minút. Tempeh vyberte a odložte.

V tej istej panvici zohrejte zvyšnú 1 polievkovú lyžicu oleja na strednom ohni. Pridajte cibuľu a mrkvu, prikryte a varte, kým nezmäknú, asi 10 minút. Primiešame papriku, zemiaky, kapustu, paradajky, víno a vývar a privedieme do varu. Dochutíme soľou a korením podľa chuti

Znížte oheň na stredný stupeň, pridajte tempeh a dusíme odokryté 30 minút, alebo kým zelenina nezmäkne a chute sa nepremiešajú. Prišľaháme kyslú smotanu, ak používame, a ihneď podávame.

15. Južanský Succotaš guláš

Vyrába 4 porcie

- 10 uncí tempehu
- 2 lyžice olivového oleja
- 1 veľká sladká žltá cibuľa, nakrájaná nadrobno
- 2 stredne hnedé zemiaky, ošúpané a nakrájané na $1/2$- palcové kocky
- 1 (14,5 unce) konzervy paradajok nakrájaných na kocky, scedené
- 1 (16 uncový) balík mrazenej sukcotaše
- 2 šálky zeleninového vývaru, domáceho (pozri Svetlý zeleninový vývar) alebo z obchodu, alebo vody
- 2 lyžice sójovej omáčky
- 1 lyžička suchej horčice
- 1 lyžička cukru
- $1/2$ lyžičky sušeného tymiánu
- $1/2$ lyžičky mletého nového korenia
- $1/4$ lyžičky mletého kajenského korenia
- Soľ a čerstvo mleté čierne korenie

V strednom hrnci s vriacou vodou varte tempeh 30 minút. Scedíme, osušíme a nakrájame na 1-palcové kocky.

Vo veľkej panvici zohrejte 1 polievkovú lyžicu oleja na strednom ohni. Pridajte tempeh a varte do zhnednutia z oboch strán, asi 10 minút. Odložte bokom.

Vo veľkom hrnci zohrejte zvyšnú 1 lyžicu oleja na strednom ohni. Pridajte cibuľu a varte, kým nezmäkne, 5 minút. Pridajte zemiaky, mrkvu, paradajky, sukcotaš, vývar, sójovú omáčku, horčicu, cukor, tymian, nové korenie a kajenské korenie. Dochutíme soľou a korením podľa chuti. Priveďte do varu, potom znížte teplotu na minimum a pridajte tempeh. Za občasného miešania dusíme prikryté, kým zelenina nezmäkne, asi 45 minút.

Asi 10 minút pred dokončením dusenia vmiešame tekutý dym. Ochutnajte, v prípade potreby upravte korenie

Ihneď podávajte.

16. Pečená džembalaya kastról

Vyrába 4 porcie

- 10 uncí tempehu
- 2 lyžice olivového oleja
- 1 stredne žltá cibuľa, nakrájaná
- 1 stredne nasekaná zelená paprika
- 2 strúčiky cesnaku, mleté
- 1 (28 uncí) plechovka nakrájaných paradajok, neodkvapkaných

- $1/2$ šálky bielej ryže
- 1 $1/2$ šálky zeleninového vývaru, domáceho (pozri Svetlý zeleninový vývar) alebo z obchodu, alebo vody
- 1 $1/2$ šálky uvarenej alebo $_1$ (15,5 unce) plechovky tmavočervenej fazule, scedenej a prepláchnutej
- 1 lyžica nasekanej čerstvej petržlenovej vňate
- 1 $1/2$ čajovej lyžičky cajunského korenia
- 1 lyžička sušeného tymiánu
- $1/2$ lyžičky soli
- $1/4$ lyžičky čerstvo mletého čierneho korenia

V strednom hrnci s vriacou vodou varte tempeh 30 minút. Scedíme a vysušíme. Nakrájajte na $1/2$-palcové kocky. Predhrejte rúru na 350 ° F.

Vo veľkej panvici zohrejte 1 polievkovú lyžicu oleja na strednom ohni. Pridajte tempeh a varte do zhnednutia na oboch stranách, asi 8 minút. Tempeh preneste do zapekacej misy s rozmermi 9 x 13 palcov a odložte.

V tej istej panvici zohrejte zvyšnú 1 polievkovú lyžicu oleja na strednom ohni. Pridajte cibuľu, papriku a cesnak. Prikryjeme a varíme, kým zelenina nezmäkne, asi 7 minút.

Zeleninovú zmes pridáme do pekáča s tempehom. Vmiešajte paradajky s tekutinou, ryžu, vývar, fazuľu, petržlenovú vňať, cajunské korenie, tymián, soľ a čierne korenie. Dobre premiešajte, potom pevne prikryte a pečte, kým ryža nezmäkne, asi 1 hodinu. Ihneď podávajte.

17. Tempeh a sladký zemiakový koláč

Vyrába 4 porcie

- 8 uncí tempehu
- 3 stredné sladké zemiaky, ošúpané a nakrájané na $1/2$ - palcové kocky
- 2 polievkové lyžice vegánskeho margarínu
- $1/4$ šálky obyčajného nesladeného sójového mlieka
- Soľ a čerstvo mleté čierne korenie
- 2 lyžice olivového oleja
- 1 stredne žltá cibuľa, nakrájaná nadrobno
- 2 stredné mrkvy, nakrájané
- 1 šálka mrazeného hrášku, rozmrazeného
- 1 šálka mrazených kukuričných zŕn, rozmrazených
- 1 $1/2$ šálky Hubová omáčka
- $1/2$ lyžičky sušeného tymiánu

V strednom hrnci s vriacou vodou varte tempeh 30 minút. Scedíme a vysušíme. Tempeh nasekáme nadrobno a odložíme bokom.

Sladké zemiaky dusíme do mäkka, asi 20 minút. Predhrejte rúru na 350 ° F. Sladké zemiaky roztlačte s margarínom, sójovým mliekom a soľou a korením podľa chuti. Odložte bokom.

Vo veľkej panvici zohrejte 1 polievkovú lyžicu oleja na strednom ohni. Pridajte cibuľu a mrkvu, prikryte a varte do mäkka asi 10 minút. Preneste do 10-palcového pekáča.

V tej istej panvici zohrejte zvyšnú 1 polievkovú lyžicu oleja na strednom ohni. Pridajte tempeh a varte do zhnednutia na oboch stranách, 8 až 10 minút. Pridajte tempeh do pekáča s cibuľou a mrkvou. Vmiešame hrášok, kukuricu a hubovú omáčku. Pridajte tymián a soľ a korenie podľa chuti. Miešajte, aby sa spojili.

Na vrch rozložíme roztlačené batáty, pomocou špachtle rovnomerne rozotrieme po okraje panvice. Pečieme, kým zemiaky jemne nezhnednú a plnka nie je horúca, asi 40 minút. Ihneď podávajte.

18. Cestoviny plnené baklažánom a tempehom

Vyrába 4 porcie

- 8 uncí tempehu
- 1 stredný baklažán
- 12 veľkých cestovinových škrupín
- 1 strúčik cesnaku, roztlačený
- $1/4$ lyžičky mletého kajenského korenia
- Soľ a čerstvo mleté čierne korenie
- Suchá neokorenená strúhanka

- 3 šálky marinara omáčky, domácej (pozri Marinara omáčka) alebo z obchodu

V strednom hrnci s vriacou vodou varte tempeh 30 minút. Scedíme a necháme vychladnúť.

Predhrejte rúru na 450 ° F. Baklažán prepichneme vidličkou a pečieme na olejom vymastenom plechu do mäkka, asi 45 minút.

Kým sa baklažán pečie, škrupiny cestovín uvaríme v hrnci s vriacou osolenou vodou za občasného miešania, kým nebudú al dente, asi 7 minút. Scedíme a necháme prejsť studenou vodou. Odložte bokom.

Vyberte baklažán z rúry, rozpolte ho pozdĺžne a vypustite všetku tekutinu. Znížte teplotu rúry na 350 ° F. Zľahka naolejujte pekáč s rozmermi 9 x 13 palcov. V kuchynskom robote spracujte cesnak najemno. Pridajte tempeh a pulzujte, kým nebude nahrubo pomletý. Vyškrabte dužinu baklažánu zo škrupiny a pridajte do kuchynského robota s tempehom a cesnakom. Pridajte kajenské korenie, dochuťte soľou a korením podľa chuti a premiešajte. Ak je náplň sypká, pridajte trochu strúhanky.

Na dno pripraveného pekáča rozotrieme vrstvu paradajkovej omáčky. Plnku naplňte do škrupín, kým nebude dobre zabalená.

Umiestnite škrupiny na vrch omáčky a zvyšnou omáčkou polejte škrupiny a okolo nich. Prikryjeme alobalom a pečieme do tepla, asi 30 minút. Odkryjeme, posypeme parmezánom a pečieme ešte 10 minút. Ihneď podávajte.

19. Singapurské rezance s tempehom

Vyrába 4 porcie

- 8 uncí tempehu, nakrájaného na $1/2$ palcové kocky
- 8 uncí ryžových rezancov
- 1 lyžica praženého sezamového oleja
- 2 polievkové lyžice repkového alebo hroznového oleja
- 4 lyžice sójovej omáčky
- $1/3$ šálky krémového arašidového masla
- $1/2$ šálky nesladeného kokosového mlieka
- $1/2$ šálky vody
- 1 polievková lyžica čerstvej citrónovej šťavy
- 1 lyžička svetlohnedého cukru
- $1/2$ lyžičky mletého kajenského korenia
- 1 stredne nasekaná červená paprika

- 3 šálky strúhanej kapusty
- 3 strúčiky cesnaku
- 1 šálka nakrájanej zelenej cibule
- 2 čajové lyžičky strúhaného čerstvého zázvoru
- 1 šálka mrazeného hrášku, rozmrazeného
- Soľ
- $1/4$ šálky nasekaných nesolených pražených arašidov na ozdobu
- 2 polievkové lyžice mletého čerstvého koriandra na ozdobu

V strednom hrnci s vriacou vodou varte tempeh 30 minút. Scedíme a vysušíme. Namočte ryžové rezančeky do veľkej misky horúcej vody, kým nezmäknú, asi 5 minút. Dobre sceďte, opláchnite a preneste do veľkej misy. Polejte sezamovým olejom a odložte.

Vo veľkej panvici zohrejte 1 polievkovú lyžicu repkového oleja na stredne vysokú teplotu. Pridajte uvarený tempeh a varte do zhnednutia zo všetkých strán, pridajte 1 polievkovú lyžicu sójovej omáčky, aby ste pridali farbu a chuť. Vyberte tempeh z panvice a odložte.

V mixéri alebo kuchynskom robote zmiešajte arašidové maslo, kokosové mlieko, vodu, citrónovú šťavu, cukor, kajenské korenie a zvyšné 3 polievkové lyžice sójovej omáčky. Spracujte do hladka a odstavte.

Vo veľkej panvici zohrejte zvyšnú 1 polievkovú lyžicu repkového oleja na stredne vysokú teplotu. Pridajte papriku, kapustu, cesnak, zelenú cibuľku a zázvor a varte za občasného miešania, kým nezmäkne, asi 10 minút. Znížte teplo na minimum; vmiešame hrášok, opražený tempeh a zmäknuté rezance. Omáčku premiešame, podľa chuti dosolíme a dusíme do horúca.

Preložte do veľkej servírovacej misy, ozdobte nasekanými arašidmi a koriandrom a podávajte.

20. Tempeh Bacon

Vyrába 4 porcie

6 uncí tempehu
2 polievkové lyžice repkového alebo hroznového oleja
2 lyžice sójovej omáčky
$1/2$ lyžičky tekutého dymu

V strednom hrnci s vriacou vodou varte tempeh 30 minút. Nechajte vychladnúť, potom osušte a nakrájajte na $1/8$ - palcové prúžky.

Vo veľkej panvici zohrejte olej na strednom ohni. Pridajte plátky tempehu a smažte na oboch stranách, kým nezhnedne, asi 3 minúty z každej strany. Polejte sójovou omáčkou a tekutým dymom, dávajte pozor, aby ste nepostriekali. Otočte tempeh, aby sa obalil. Podávajte horúce.

21. Špagety a T-loptičky

Vyrába 4 porcie

- 1 libra tempehu
- 2 alebo 3 strúčiky cesnaku, jemne nasekané
- 3 polievkové lyžice jemne nasekanej čerstvej petržlenovej vňate
- 3 lyžice sójovej omáčky
- 1 lyžica olivového oleja a viac na varenie
- ¾ šálky čerstvej strúhanky
- ⅓ šálky pšeničnej lepkovej múky (životne dôležitý pšeničný lepok)
- 3 polievkové lyžice výživného droždia
- ½ lyžičky sušeného oregana

- $1/2$ lyžičky soli
- $1/4$ lyžičky čerstvo mletého čierneho korenia
- 1 libra špagiet
- 3 šálky omáčky marinara, domácej (pozri vľavo) alebo z obchodu

V strednom hrnci s vriacou vodou varte tempeh 30 minút. Dobre sceďte a nakrájajte na kúsky.

Uvarený tempeh vložte do kuchynského robota, pridajte cesnak a petržlenovú vňať a varte, kým nebude nahrubo pomletý. Pridajte sójovú omáčku, olivový olej, strúhanku, lepkovú múku, droždie, oregano, soľ a čierne korenie a pulz, aby sa spojili, aby zostala textúra. Zmes tempehu zoškrabte do misky a rukami mieste zmes, kým sa dobre nezmieša, 1 až 2 minúty. Pomocou rúk rozvaľkajte zmes na malé guľôčky s priemerom nie väčším ako 1 $1/2$ palca. Opakujte so zvyšnou zmesou tempehu.

V mierne naolejovanej veľkej panvici zohrejte tenkú vrstvu oleja na strednom ohni. Pridajte T-guličky, v prípade potreby po dávkach, a varte, kým nezhnednú, pričom ich premiestňujte na panvici podľa potreby, aby sa rovnomerne zhnedli, 15 až 20 minút. Prípadne môžete T-guličky poukladať na naolejovaný plech a piecť pri teplote 350 °F 25 až 30 minút, pričom v polovici ich otočte.

Vo veľkom hrnci s vriacou osolenou vodou varte špagety na stredne vysokom ohni za občasného miešania, kým nie sú al dente, asi 10 minút.

Kým sa špagety varia, zohrejte marinarovú omáčku v strednom hrnci na strednom ohni, kým nebude horúca.

Keď sú cestoviny uvarené, dobre ich sceďte a rozdeľte na 4 taniere alebo plytké misky na cestoviny. Doplňte každú porciu niekoľkými T-guličkami. Omáčku nalejte na T-Balls a špagety a podávajte horúce. Zmiešajte zvyšné T-guličky a omáčku v servírovacej miske a podávajte.

22. Paglia E Fieno s hráškom

Vyrába 4 porcie

- $1/3$ šálky plus 1 polievková lyžica olivového oleja
- 2 stredne veľké šalotky, jemne nasekané
- $1/4$ šálky nakrájanej tempehovej slaniny, domácej (pozri Tempeh Bacon) alebo kúpenej v obchode (voliteľné)
- Soľ a čerstvo mleté čierne korenie
- 8 uncí bežného alebo celozrnného linguine
- 8 uncí špenátového linguine
- Vegánsky parmezán alebo parmasio

Vo veľkej panvici zohrejte 1 polievkovú lyžicu oleja na strednom ohni. Pridajte šalotku a varte do mäkka, asi 5 minút. Pridajte tempehovú slaninu, ak používate, a varte, kým pekne nezhnedne. Vmiešame huby a varíme do zmäknutia, asi 5 minút. Dochutíme soľou a korením podľa chuti. Vmiešame hrášok a zvyšnú $1/3$ šálky oleja. Prikryte a udržiavajte v teple na veľmi nízkej teplote.

Vo veľkom hrnci s vriacou osolenou vodou varte linguine na stredne vysokej teplote za občasného miešania, kým nebude al dente, asi 10 minút. Dobre sceďte a preneste do veľkej servírovacej misy.

Pridajte omáčku, dochuťte soľou a korením podľa chuti a posypte parmezánom. Jemne premiešajte, aby sa spojili a ihneď podávajte.

SEITAN

23. Základný varený seitan

Robí asi 2 kilá

Seitan

- 1¾ šálky pšeničnej lepkovej múky (životne dôležitý pšeničný lepok)
- ¹/₂ lyžičky soli
- ¹/₂ lyžičky cibuľového prášku
- ¹/₄ lyžičky sladkej papriky
- 1 lyžica olivového oleja
- 2 lyžice sójovej omáčky
- 1 ²/₃ šálky studenej vody

Kvapalina na varenie:
- 2 litre vody
- $^1/_2$ šálky sójovej omáčky
- 2 strúčiky cesnaku, rozdrvené

Pripravte seitan: V kuchynskom robote zmiešajte pšeničnú lepkovú múku, nutričné droždie, soľ, cibuľový prášok a papriku. Pulz na zmiešanie. Pridajte olej, sójovú omáčku a vodu a minútu spracujte na cesto. Zmes vyklopte na jemne pomúčenú pracovnú dosku a miesime, kým nebude hladká a elastická, asi 2 minúty.

Pripravte tekutinu na varenie: Vo veľkom hrnci zmiešajte vodu, sójovú omáčku a cesnak.

Seitanové cesto rozdelíme na 4 rovnaké časti a vložíme do varenej tekutiny. Priveďte do varu na stredne vysokej teplote, potom znížte teplotu na stredne nízku, prikryte a duste za občasného otáčania domäkka 1 hodinu. Vypnite oheň a nechajte seitan vychladnúť v tekutine. Po vychladnutí môže byť seitan použitý v receptoch alebo chladený v tekutine v tesne uzavretej nádobe až na týždeň alebo zmrazený až na 3 mesiace.

24. Plnená pečená pečená Seitan

Vyrába 6 porcií

- 1 recept Základný varený seitan , nevarený
- 1 lyžica olivového oleja
- 1 malá žltá cibuľa, mletá
- 1 zelerové rebro, mleté
- $1/2$ lyžičky sušeného tymiánu
- $1/2$ lyžičky sušenej šalvie
- $1/2$ šálky vody alebo viac, ak je to potrebné
- Soľ a čerstvo mleté čierne korenie
- 2 šálky kociek čerstvého chleba
- $1/4$ šálky mletej čerstvej petržlenovej vňate

Surový seitan položte na jemne pomúčenú pracovnú dosku a jemne pomúčenými rukami ho roztiahnite, kým nebude plochý a hrubý asi $1/2$ palca. Umiestnite sploštený seitan medzi dva listy plastového obalu alebo pergamenový papier. Pomocou valčeka ho čo najviac vyrovnajte (bude elastický a odolný). Navrch položte plech na pečenie odvážený galónom vody alebo konzervy a nechajte odpočívať, kým pripravíte plnku.

Vo veľkej panvici zohrejte olej na strednom ohni. Pridajte cibuľu a zeler. Prikryjeme a varíme do mäkka 10 minút. Vmiešame tymián, šalviu, vodu a podľa chuti soľ a korenie. Odstráňte z tepla a odložte. Chlieb a petržlenovú vňať vložte do veľkej misky. Pridajte cibuľovú zmes a dobre premiešajte, ak je plnka príliš suchá, pridajte trochu vody. Ochutnajte, v prípade potreby upravte korenie. Ak je to nevyhnutné. Odložte bokom.

Predhrejte rúru na 350 ° F. Pekáč s rozmermi 9 x 13 palcov zľahka naolejujte a odložte. Vyvaľkajte sploštený seitan pomocou valčeka, kým nebude hrubý asi $1/4$ palca. Plnku rozotrieme po povrchu seitan a opatrne a rovnomerne ho zrolujte. Umiestnite pečienku stranou nadol do pripraveného pekáča. Vrch a boky pečienky potrieme trochou oleja a pečieme prikryté 45 minút, potom odokryjeme a dopečieme do pevnej a lesklej hnedej farby, asi o 15 minút dlhšie.

Pred krájaním vyberte z rúry a odložte na 10 minút. Pomocou zúbkovaného noža ho nakrájajte na $1/2$-palcové plátky. Poznámka: Pre najjednoduchšie krájanie urobte pečienku vopred a pred krájaním úplne vychladnite. Nakrájajte celú alebo časť pečeného mäsa a potom pred podávaním zohrejte v rúre, pevne zakryté, 15 až 20 minút.

25. Seitan Pot Roast

Vyrába 4 porcie

- 1 recept Základný varený seitan
- 2 lyžice olivového oleja
- 3 až 4 stredné šalotky, pozdĺžne rozpolené
- 1 libra zemiakov Yukon Gold, olúpaných a nakrájaných na 2-palcové kúsky
- $1/2$ lyžičky sušeného pikantného
- $1/4$ lyžičky mletej šalvie
- Soľ a čerstvo mleté čierne korenie
- Chren, slúžiť

Postupujte podľa pokynov na prípravu základného duseného seitanu, ale pred varením rozdeľte seitanové cesto na 2 časti namiesto 4. Po vychladnutí seitanu vo vývare počas 30 minút ho vyberte z hrnca a odložte. Zarezervujte si tekutinu na varenie a zlikvidujte všetky tuhé látky. 1 kus seitanu (asi 1 libra) si rezervujte pre budúce použitie tak, že ho vložíte do misky a zalejete trochou tekutiny na varenie. Prikryte a chlaďte, kým nie je potrebné. Ak seitan nepoužijete do 3 dní, úplne ho ochlaďte, pevne zabaľte a zmrazte.

Vo veľkom hrnci zohrejte 1 polievkovú lyžicu oleja na strednom ohni. Pridajte šalotku a mrkvu. Prikryjeme a varíme 5 minút. Pridajte zemiaky, tymian, pikantné, šalviu a soľ a korenie podľa chuti. Pridajte $1\ ^1/_2$ šálky odloženej tekutiny na varenie a priveďte do varu. Znížte teplotu na minimum a prikryté varte 20 minút.

Odložený seitan potrieme zvyšnou 1 lyžicou oleja a paprikou. Položte seitan na dusiacu sa zeleninu. Prikryte a pokračujte vo varení, kým zelenina nezmäkne, asi 20 minút. Seitan nakrájajte na tenké plátky a poukladajte na veľký servírovací tanier obklopený varenou zeleninou. Podávame ihneď, s chrenom na boku.

26. Takmer jedno jedlo na Deň vďakyvzdania

Vyrába 6 porcií

- 2 lyžice olivového oleja
- 1 šálka nadrobno nakrájanej cibule
- 2 zelerové rebrá nakrájané nadrobno
- 2 šálky nakrájaných bielych húb
- $1/2$ lyžičky sušeného tymiánu
- $1/2$ lyžičky sušeného pikantného
- $1/2$ lyžičky mletej šalvie
- Štipka mletého muškátového oriešku
- Soľ a čerstvo mleté čierne korenie
- 2 šálky kociek čerstvého chleba

- 2 $1/2$ šálky zeleninového vývaru, domáceho (pozri Svetlý zeleninový vývar) alebo z obchodu
- $1/3$ šálky osladených sušených brusníc
- 8 uncí extra tuhého tofu, scedené a nakrájané na $1/4$-palcové plátky
- 8 uncí seitanu, domáci alebo kúpený v obchode, nakrájaný na veľmi tenké plátky
- 2 $1/2$ šálky základnej zemiakovej kaše
- 1 list mrazeného lístkového cesta, rozmrazené

Predhrejte rúru na 400 ° F. 10-palcovú štvorcovú nádobu na pečenie zľahka naolejujte. Vo veľkej panvici zohrejte olej na strednom ohni. Pridajte cibuľu a zeler. Prikryjeme a varíme do zmäknutia, asi 5 minút. Vmiešajte huby, tymian, pikantné, šalviu, muškátový oriešok a soľ a korenie podľa chuti. Varíme odokryté, kým huby nezmäknú, asi 3 minúty dlhšie. Odložte bokom.

Vo veľkej miske zmiešajte kocky chleba s takým množstvom vývaru, koľko je potrebné na navlhčenie (asi

1 $1/2$ šálky). Pridajte uvarenú zeleninovú zmes, vlašské orechy a brusnice. Premiešame, aby sa dobre premiešalo a odstavíme.

V tej istej panvici priveďte zvyšnú 1 šálku vývaru do varu, znížte teplotu na strednú úroveň, pridajte tofu a duste odkryté, kým sa vývar nevstrebe, asi 10 minút. Odložte bokom.

Polovicu pripravenej plnky rozotrieme na dno pripravenej zapekacej misy, potom polovicu seitanu, polovicu tofu a polovicu hnedej omáčky. Opakujte vrstvenie so zvyšnou plnkou, seitan, tofu a omáčka.

27. Seitan Milanese s Pankom a citrónom

Vyrába 4 porcie

- 2 šálky panko
- $1/4$ šálky mletej čerstvej petržlenovej vňate
- $1/2$ lyžičky soli
- $1/4$ lyžičky čerstvo mletého čierneho korenia
- 1 libra seitanu, domáci alebo kúpený v obchode, nakrájané na $1/4$ palcové plátky
- 2 lyžice olivového oleja
- 1 citrón, nakrájaný na kolieska

Predhrejte rúru na 250 ° F. Vo veľkej miske zmiešajte panko, petržlenovú vňať, soľ a korenie. Seitan navlhčite troškou vody a vybaľte ho do panko zmesi.

Vo veľkej panvici zohrejte olej na stredne vysokej teplote. Pridajte seitan a varte, raz otočte, až kým nie je zlatohnedá, v prípade potreby pracujte po dávkach. Uvarený seitan preložíme na plech na pečenie a kým dopečieme zvyšok, necháme v rúre teplé. Podávame ihneď, s kolieskami citróna.

28. Seitan v sezamovej kôre

Vyrába 4 porcie

- $1/3$ šálky sezamových semienok
- $1/3$ šálky viacúčelovej múky
- $1/2$ lyžičky soli
- $1/4$ lyžičky čerstvo mletého čierneho korenia
- $1/2$ šálky obyčajného nesladeného sójového mlieka
- 1 libra seitanu, domáceho alebo kupovaného seitanu, nakrájaného na $1/4$ - palcové plátky
- 2 lyžice olivového oleja

Vložte sezamové semienka na suchú panvicu na strednú teplotu a za stáleho miešania opekajte 3 až 4 minúty do svetlozlata. Nechajte vychladnúť a potom ich pomelte v kuchynskom robote alebo mlynčeku na korenie.

Pomleté sezamové semienka vložte do plytkej misky a pridajte múku, soľ a korenie a dobre premiešajte. Vložte sójové mlieko do plytkej misky. Ponorte seitan do sójového mlieka a potom ho nalejte do sezamovej zmesi.

Vo veľkej panvici zohrejte olej na strednom ohni. Pridajte seitan, v prípade potreby po dávkach, a varte do chrumkava a zlatohneda na oboch stranách, asi 10 minút. Ihneď podávajte.

29. Seitan s artičokmi a olivami

Vyrába 4 porcie

- 2 lyžice olivového oleja
- 1 libra seitanu, domáci alebo kúpený v obchode, nakrájaný na ¼ palcové plátky
- 2 strúčiky cesnaku, mleté
- 1 (14,5 unce) konzervy paradajok nakrájaných na kocky, scedené
- 1 ½ šálky konzervovaných alebo mrazených (varených) artičokových sŕdc, nakrájaných na ¼ palcové plátky
- 1 lyžica kapary
- 2 lyžice nasekanej čerstvej petržlenovej vňate
- Soľ a čerstvo mleté čierne korenie
- 1 šálka Tofu Feta (voliteľné)

Predhrejte rúru na 250 ° F. Vo veľkej panvici zohrejte 1 polievkovú lyžicu oleja na stredne vysokú teplotu. Pridajte seitan a opečte z oboch strán, asi 5 minút. Seitan premiestnite na žiaruvzdorný tanier a udržujte teplý v rúre.

V tej istej panvici zohrejte zvyšnú 1 polievkovú lyžicu oleja na strednom ohni. Pridajte cesnak a varte, kým nebude voňavý, asi 30 sekúnd. Pridajte paradajky, artičokové srdiečka, olivy, kapary a petržlenovú vňať. Dochuťte soľou a korením podľa chuti a varte do horúca, asi 5 minút. Odložte bokom.

Umiestnite seitan na servírovací tanier, posypte zeleninovou zmesou a posypte tofu feta, ak používate. Ihneď podávajte.

30. Seitan s ancho-chipotle omáčkou

Vyrába 4 porcie

- 2 lyžice olivového oleja
- 1 stredná cibuľa, nakrájaná
- 2 stredné mrkvy, nakrájané
- 2 strúčiky cesnaku, mleté
- 1 (28 uncí) plechovka rozdrvených pečených paradajok
- $1/2$ šálky zeleninového vývaru, domáceho (pozri Svetlý zeleninový vývar) alebo z obchodu
- 2 sušené ancho čili
- 1 sušený chipotle chile

- $1/2$ šálky žltej kukuričnej múky
- $1/2$ lyžičky soli
- $1/4$ lyžičky čerstvo mletého čierneho korenia
- 1 libra seitanu, domáci alebo kúpený v obchode, nakrájaný na $1/4$-palcové plátky

Vo veľkom hrnci zohrejte 1 polievkovú lyžicu oleja na strednom ohni. Pridajte cibuľu a mrkvu, prikryte a varte 7 minút. Pridajte cesnak a varte 1 minútu. Vmiešajte paradajky, vývar a ancho a chipotle chilli. Odkryté dusíme 45 minút, potom omáčku prelejeme do mixéra a rozmixujeme do hladka. Vráťte sa do hrnca a udržiavajte teplé na veľmi miernom ohni.

V plytkej miske zmiešajte kukuričnú múku so soľou a korením. Seitan vložte do zmesi kukuričnej múčky a rovnomerne ho obaľte.

Vo veľkej panvici zohrejte zvyšné 2 polievkové lyžice oleja na strednom ohni. Pridajte seitan a varte do zhnednutia na oboch stranách, celkovo asi 8 minút. Ihneď podávajte s čili omáčkou.

31. Seitan Piccata

Vyrába 4 porcie

- 1 libra seitanu, domáceho alebo z obchodu, nakrájaná na $^1/_4$ palcové plátky Soľ a čerstvo mleté čierne korenie
- $^1/_2$ šálky viacúčelovej múky
- 2 lyžice olivového oleja
- 1 stredne mletá šalotka
- 2 strúčiky cesnaku, mleté
- 2 lyžice kapary
- $^1/_3$ šálky bieleho vína
- $^1/_3$ šálky zeleninového vývaru, domáceho (pozri Svetlý zeleninový vývar) alebo z obchodu
- 2 lyžice čerstvej citrónovej šťavy
- 2 polievkové lyžice vegánskeho margarínu
- 2 lyžice mletej čerstvej petržlenovej vňate

Predhrejte rúru na 275 ° F. Seitan dochutíme soľou a korením podľa chuti a posypeme múkou.

Vo veľkej panvici zohrejte 2 polievkové lyžice oleja na strednom ohni. Pridajte vylúpaný seitan a varte, kým z oboch strán jemne nezhnedne, asi 10 minút. Seitan premiestnite na žiaruvzdorný tanier a udržujte teplý v rúre.

V tej istej panvici zohrejte zvyšnú 1 polievkovú lyžicu oleja na strednom ohni. Pridajte šalotku a cesnak, varte 2 minúty, potom vmiešajte kapary, víno a vývar. Varte minútu alebo dve, aby sa mierne zredukovalo, potom pridajte citrónovú šťavu, margarín a petržlenovú vňať a miešajte, kým sa margarín nezmieša s omáčkou. Opražený seitan prelejeme omáčkou a ihneď podávame.

32. Trojsemenný seitan

Vyrába 4 porcie

- $1/4$ šálky nesolených lúpaných slnečnicových semienok
- $1/4$ šálky nesolených lúpaných tekvicových semienok (pepitas)
- $1/4$ šálky sezamových semienok
- ¾ šálky viacúčelovej múky
- 1 lyžička mletého koriandra
- 1 lyžička údenej papriky
- $1/2$ lyžičky soli
- $1/4$ lyžičky čerstvo mletého čierneho korenia
- 1 libra seitanu, domáci alebo kúpený v obchode, nakrájaný na kúsky veľkosti sústa
- 2 lyžice olivového oleja

V kuchynskom robote zmiešajte slnečnicové semienka, tekvicové semienka a sezamové semienka a rozdrvte na prášok. Preložíme do plytkej misy, pridáme múku, koriander, papriku, soľ a korenie a premiešame, aby sa spojili.

Kúsky seitanu navlhčite vodou a potom ich vybagrujte do zmesi semien, aby sa úplne obalili.

Vo veľkej panvici zohrejte olej na strednom ohni. Pridajte seitan a varte, kým z oboch strán jemne nezhnedne a nebude chrumkavý. Ihneď podávajte.

33. Fajitas bez hraníc

Vyrába 4 porcie

- 1 lyžica olivového oleja
- 1 malá červená cibuľa, nakrájaná
- 10 uncí seitanu, doma vyrobeného alebo kúpeného v obchode, nakrájaného na $1/2$ palcové prúžky
- $1/4$ šálky konzervovaných horúcich alebo jemne mletých zelených čili papričiek
- Soľ a čerstvo mleté čierne korenie
- (10-palcové) tortilly z mäkkej múky
- 2 šálky paradajkovej salsy, domácej (pozri Čerstvá paradajková salsa) alebo z obchodu

Vo veľkej panvici zohrejte olej na strednom ohni. Pridajte cibuľu, prikryte a varte, kým nezmäkne, asi 7 minút. Pridajte seitan a odkryté varte 5 minút.

Pridajte sladké zemiaky, čili, oregano a soľ a korenie podľa chuti a miešajte, aby sa dobre premiešali. Pokračujte vo varení, kým zmes nie je horúca a chute sa dobre nespoja, za občasného miešania asi 7 minút.

Tortilly zohrejte na suchej panvici. Každú tortillu vložte do plytkej misky. Lyžičkou nalejte zmes seitanu a sladkých zemiakov do tortilly, potom na každú pridajte asi $1/3$ šálky salsy. Posypte každý misku s 1 lyžicou olív, ak používate. Ihneď podávajte, so zvyšnou salsou podávanou bokom.

34. Seitan s príchuťou zeleného jablka

Vyrába 4 porcie

- 2 nahrubo nakrájané jablká Granny Smith
- ¹/₂ šálky jemne nakrájanej červenej cibule
- ¹/₂ jalapeño čili, zbavené semienok a mleté
- 1 ¹/₂ lyžičky strúhaného čerstvého zázvoru
- 2 lyžice čerstvej limetkovej šťavy
- 2 čajové lyžičky agávového nektáru
- Soľ a čerstvo mleté čierne korenie
- 2 lyžice olivového oleja
- 1 libra seitanu, domáci alebo kúpený v obchode, nakrájaný na ¹/₂ palcové plátky

V strednej miske zmiešajte jablká, cibuľu, čili, zázvor, limetkovú šťavu, agávový nektár a soľ a korenie podľa chuti. Odložte bokom.

Zohrejte olej na panvici na strednom ohni. Pridajte seitan a opekajte, kým z oboch strán nezhnedne, pričom raz otočte, asi 4 minúty z každej strany. Dochutíme soľou a korením podľa chuti. Pridajte jablkovú šťavu a varte minútu, kým sa nezredukuje. Ihneď podávame s jablkovou pochúťkou.

35. Miešanie seitanu a brokolice-shiitake

Vyrába 4 porcie

- 2 polievkové lyžice repkového alebo hroznového oleja
- 10 uncí seitanu, domáceho alebo z obchodu, nakrájaného na $1/4$-palcové plátky
- 3 strúčiky cesnaku, mleté
- 2 čajové lyžičky strúhaného čerstvého zázvoru
- zelená cibuľa, mletá
- 1 stredný zväzok brokolice, nakrájaný na 1-palcové ružičky
- 3 lyžice sójovej omáčky
- 2 lyžice suchého sherry
- 1 lyžička praženého sezamového oleja
- 1 lyžica opečených sezamových semienok

Vo veľkej panvici zohrejte 1 polievkovú lyžicu oleja na stredne vysokú teplotu. Pridajte seitan a varte za občasného miešania, kým jemne nezhnedne, asi 3 minúty. Seitan preložíme do misky a odložíme bokom.

V tej istej panvici zohrejte zvyšnú 1 polievkovú lyžicu oleja na stredne vysokú teplotu. Pridajte huby a varte za častého miešania, kým nezhnednú, asi 3 minúty. Vmiešame cesnak, zázvor a zelenú cibuľku a varíme ešte 30 sekúnd. Hubovú zmes pridáme k uvarenému seitanu a odstavíme.

Do tej istej panvice pridajte brokolicu a vodu. Prikryte a varte, kým brokolica nezačne zelenať, asi 3 minúty. Odkryjeme a varíme za častého miešania, kým sa tekutina neodparí a brokolica nebude chrumkavá, asi o 3 minúty dlhšie.

Vráťte zmes seitanu a húb na panvicu. Pridajte sójovú omáčku a sherry a za stáleho miešania smažte, kým seitan a zelenina nie sú horúce, asi 3 minúty. Posypte sezamovým olejom a sezamovými semienkami a ihneď podávajte.

36. Seitan brochettes s broskyňami

Vyrába 4 porcie

- $1/3$ šálky balzamikového octu
- 2 lyžice suchého červeného vína
- 2 lyžice svetlo hnedého cukru
- $1/4$ šálky nasekanej čerstvej bazalky
- $1/4$ šálky nasekaného čerstvého majoránu
- 2 lyžice mletého cesnaku
- 2 lyžice olivového oleja
- 1 libra seitanu, domáci alebo kúpený v obchode, nakrájaný na 1-palcové kúsky
- šalotka, pozdĺžne rozpolená a blanšírovaná
- Soľ a čerstvo mleté čierne korenie
- 2 zrelé broskyne, vykôstkované a nakrájané na 1-palcové kúsky

Zmiešajte ocot, víno a cukor v malom hrnci a priveďte do varu. Znížte teplotu na strednú a varte za stáleho miešania, kým sa nezníži na polovicu, asi 15 minút. Odstráňte z ohňa.

Vo veľkej miske zmiešajte bazalku, majoránku, cesnak a olivový olej. Pridajte seitan, šalotku a broskyne a premiešajte, aby ste obalili. Dochutíme soľou a korením podľa chuti

Predhrejte gril. *Seitan, šalotku a broskyne navlečte na špajle a potrite balzamikovou zmesou.

Umiestnite rožky na gril a varte, kým seitan a broskyne nie sú grilované, asi 3 minúty z každej strany. Potrieme zvyšnou balzamikovou zmesou a ihneď podávame.

*Namiesto grilovania môžete tieto rožky vložiť pod brojler. Grilujte 4 až 5 palcov od tepla, kým nie sú horúce a jemne zhnednuté okolo okrajov, asi 10 minút, pričom raz v polovici otočte.

37. Grilovaný seitan a zeleninové kaboby

Vyrába 4 porcie

- $1/3$ šálky balzamikového octu
- 2 lyžice olivového oleja
- 1 lyžica mletého čerstvého oregana alebo 1 lyžička sušeného
- 2 strúčiky cesnaku, mleté
- $1/2$ lyžičky soli
- $1/4$ lyžičky čerstvo mletého čierneho korenia
- 1 libra seitanu, domáci alebo kúpený v obchode, nakrájaný na 1-palcové kocky
- 7 uncí malých bielych húb, zľahka opláchnutých a osušených
- 2 malé cukety, nakrájané na 1-palcové kúsky
- 1 stredne žltá paprika nakrájaná na 1-palcové štvorce
- zrelé cherry paradajky

V strednej miske zmiešajte ocot, olej, oregano, tymián, cesnak, soľ a čierne korenie. Pridajte seitan, šampiňóny, cuketu, papriku a paradajky tak, aby sa obalili. Marinujte pri izbovej teplote 30 minút, občas otočte. Seitan a zeleninu sceďte, marinádu si nechajte.

Predhrejte gril. *Napichnite seitan, šampiňóny a paradajky na špízy.

Špízy položte na rozpálený gril a opečte, pričom v polovici grilovania kaboby otočte, celkovo asi 10 minút. Pokvapkáme malým množstvom odloženej marinády a ihneď podávame.

*Namiesto grilovania môžete tieto špízy vložiť pod brojler. Grilujte 4 až 5 palcov od tepla, kým nie sú horúce a jemne zhnednuté okolo okrajov, asi 10 minút, pričom raz v polovici grilovania otočte.

38. Seitan En Croute

Vyrába 4 porcie

- 1 lyžica olivového oleja
- 2 stredné šalotky, mleté
- unce bielych húb, mletých
- $1/4$ šálky Madeiry
- 1 lyžica mletej čerstvej petržlenovej vňate
- $1/2$ lyžičky sušeného tymiánu
- $1/2$ lyžičky sušeného pikantného
- 2 šálky nadrobno nakrájaných kociek suchého chleba
- Soľ a čerstvo mleté čierne korenie
- 1 list mrazeného lístkového cesta, rozmrazený
- ($1/4$ -palcové hrubé) seitanové plátky približne 3 x 4-palcové ovály alebo obdĺžniky, osušená

Vo veľkej panvici zohrejte olej na strednom ohni. Pridajte šalotku a varte do zmäknutia, asi 3 minúty. Pridajte huby a varte za občasného miešania, kým huby nezmäknú, asi 5 minút. Pridajte madieru, petržlenovú vňať, tymián a saturejku a varte, kým sa tekutina takmer neodparí. Vmiešame kocky chleba a dochutíme soľou a korením podľa chuti. Odložte nabok vychladnúť.

Položte list lístkového cesta na veľký kus plastovej fólie na rovnej pracovnej ploche. Navrch dáme ďalší kus igelitovej fólie a pomocou valčeka cesto mierne rozvaľkáme, aby sa vyhladilo. Cesto nakrájajte na štvrtiny. Do stredu každého kúska cesta položte 1 plátok seitanu. Rozdeľte medzi ne plnku a rozložte ju tak, aby pokryla seitan. Každý navrch položte zvyšnými plátkami seitanu. Zložte cesto, aby ste prikryli plnku, pričom okraje pritlačte prstami, aby ste utesnili. Balíčky pečiva položte švom nadol na veľký nevymastený plech a dajte na 30 minút do chladničky. Predhrejte rúru na 400 ° F. Pečieme, kým nie je kôrka zlatohnedá, asi 20 minút. Ihneď podávajte.

39. Seitan a zemiaková torta

Vyrába 6 porcií

- 2 lyžice olivového oleja
- 1 stredne žltá cibuľa, mletá
- 4 šálky nasekaného čerstvého baby špenátu alebo odstopkovaného mangoldu
- 8 uncí seitanu, domáceho alebo z obchodu, jemne nasekaného
- 1 lyžička mletého čerstvého majoránu
- $1/2$ lyžičky mletých semien feniklu
- $1/4$ až $1/2$ lyžičky drvenej červenej papriky
- Soľ a čerstvo mleté čierne korenie
- 2 libry zemiakov Yukon Gold, ošúpané a nakrájané na $1/4$ palcové plátky
- $1/2$ šálky vegánskeho parmezánu alebo parmasia

Predhrejte rúru na 400 ° F. Zľahka naolejujte 3-litrový kastról alebo pekáč s rozmermi 9 x 13 palcov a odložte bokom.

Vo veľkej panvici zohrejte 1 polievkovú lyžicu oleja na strednom ohni. Pridajte cibuľu, prikryte a varte, kým nezmäkne, asi 7 minút. Pridáme špenát a odkryté varíme do zvädnutia asi 3 minúty. Vmiešajte seitan, majorán, feniklové semienko a drvenú červenú papriku a varte, kým sa dobre nespoja. Dochutíme soľou a korením podľa chuti. Odložte bokom.

Rozložte plátky paradajok na dno pripravenej panvice. Navrch položte vrstvu plátkov zemiakov, ktoré sa mierne prekrývajú. Zemiakovú vrstvu potrieme trochou zvyšnej 1 lyžice oleja a dochutíme soľou a korením podľa chuti. Na zemiaky natrieme asi polovicu seitanovej a špenátovej zmesi. Navrch dáme ďalšiu vrstvu zemiakov a potom zvyšnú zmes seitanu a špenátu. Navrch dáme poslednú vrstvu zemiakov, pokvapkáme zvyšným olejom a podľa chuti osolíme a okoreníme. Posypeme parmezánom. Prikryjeme a pečieme, kým zemiaky nezmäknú, 45 minút až 1 hodinu. Odkryte a pokračujte v pečení, aby sa vrch zhnedol, 10 až 15 minút. Ihneď podávajte.

40. Rustic Cottage Pie

Pripraví 4 až 6 porcií

- Zemiaky Yukon Gold, ošúpané a nakrájané na 1-palcové kocky
- 2 polievkové lyžice vegánskeho margarínu
- $1/4$ šálky obyčajného nesladeného sójového mlieka
- Soľ a čerstvo mleté čierne korenie
- 1 lyžica olivového oleja

- 1 stredne žltá cibuľa, nakrájaná nadrobno
- 1 stredná mrkva, jemne nakrájaná
- 1 zelerové rebro nakrájané nadrobno
- unca seitanu, domáceho alebo z obchodu, jemne nasekaný
- 1 šálka mrazeného hrášku
- 1 šálka mrazených kukuričných zŕn
- 1 čajová lyžička sušeného pikantného
- $1/2$ lyžičky sušeného tymiánu

V hrnci s vriacou osolenou vodou varíme zemiaky do mäkka, 15 až 20 minút. Dobre sceďte a vráťte do hrnca. Pridajte margarín, sójové mlieko a soľ a korenie podľa chuti. Pretláčaním na zemiaky nahrubo roztlačte a odložte. Predhrejte rúru na 350 ° F.

Vo veľkej panvici zohrejte olej na strednom ohni. Pridajte cibuľu, mrkvu a zeler. Prikryjeme a varíme do mäkka, asi 10 minút. Premiestnite zeleninu do 9 x 13-palcového pekáča. Vmiešajte seitan, hubovú omáčku, hrášok, kukuricu, pikantné a tymián. Dochutíme soľou a korením podľa chuti a zmes rovnomerne rozotrieme do pekáča.

Navrch poukladáme zemiakovú kašu, ktorú rozotrieme po okraje pekáča. Pečieme, kým zemiaky nezhnednú a plnka nie je bublinková, asi 45 minút. Ihneď podávajte.

41. Seitan so špenátom a paradajkami

Vyrába 4 porcie

- 2 lyžice olivového oleja
- 1 libra seitanu, domáci alebo kúpený v obchode, nakrájaný na $^1/_4$ palcové prúžky
- Soľ a čerstvo mleté čierne korenie
- 3 strúčiky cesnaku, mleté
- 4 šálky čerstvého baby špenátu
- sušené paradajky balené v oleji, nakrájané na $^1/_4$ palcové prúžky
- $^1/_2$ šálky vykôstkovaných olív Kalamata, rozpolených
- 1 lyžica kapary
- $^1/_4$ lyžičky drvenej červenej papriky

Vo veľkej panvici zohrejte olej na strednom ohni. Pridajte seitan, dochuťte soľou a čiernym korením podľa chuti a varte do zhnednutia, asi 5 minút z každej strany.

Pridajte cesnak a varte 1 minútu, aby zmäkol. Pridajte špenát a varte, kým nezvädne, asi 3 minúty. Vmiešame paradajky, olivy, kapary a drvenú červenú papriku. Dochutíme soľou a čiernym korením podľa chuti. Varte, miešajte, kým sa chute nezmiešajú, asi 5 minút

Ihneď podávajte.

42. Seitan a vrúbkované zemiaky

Vyrába 4 porcie

- 2 lyžice olivového oleja
- 1 malá žltá cibuľa, mletá
- $1/4$ šálky mletej zelenej papriky
- veľké zemiaky Yukon Gold, olúpané a nakrájané na $1/4$- palcové plátky
- $1/2$ lyžičky soli
- $1/4$ lyžičky čerstvo mletého čierneho korenia
- 10 uncí seitanu, domáci alebo kúpený v obchode, nasekaný
- $1/2$ šálky obyčajného nesladeného sójového mlieka
- 1 lyžica vegánskeho margarínu
- 2 polievkové lyžice mletej čerstvej petržlenovej vňate ako ozdoba

Predhrejte rúru na 350 ° F. 10-palcový štvorcový pekáč zľahka naolejujte a odložte.

V panvici zohrejte olej na strednom ohni. Pridajte cibuľu a papriku a varte do mäkka, asi 7 minút. Odložte bokom.

Do pripraveného pekáča navrstvíme polovicu zemiakov a posypeme soľou a čiernym korením podľa chuti. Na zemiaky posypeme zmesou cibule a papriky a nasekaným seitanom. Navrch položte zvyšné plátky zemiakov a dochuťte soľou a čiernym korením podľa chuti.

V strednej miske kombinujte hnedú omáčku a sójové mlieko, kým sa dobre nezmiešajú. Nalejte na zemiaky. Vrchnú vrstvu potrieme margarínom a prikryjeme fóliou. Pečieme 1 hodinu. Odstráňte fóliu a pečte ďalších 20 minút, alebo kým vrch nie je zlatohnedý. Ihneď podávame posypané petržlenovou vňaťou.

43. Kórejské rezance Stir-Fry

Vyrába 4 porcie

- 8 uncí dang myun alebo rezancov s fazuľovou niťou
- 2 lyžice praženého sezamového oleja
- 1 lyžica cukru
- $1/4$ lyžičky soli
- $1/4$ lyžičky mletého kajenského korenia
- 2 polievkové lyžice repkového alebo hroznového oleja
- 8 uncí seitanu, doma vyrobeného alebo kúpeného v obchode, nakrájaného na $1/4$-palcové prúžky
- 1 stredná cibuľa, pozdĺžne rozpolená a nakrájaná na tenké plátky
- 1 stredná mrkva, nakrájaná na tenké zápalky
- 6 uncí čerstvých húb shiitake, zbavených stopiek a nakrájaných na tenké plátky
- 3 šálky nadrobno nakrájaného bok choy alebo inej ázijskej kapusty

- 3 zelené cibule, nakrájané
- 3 strúčiky cesnaku, jemne nasekané
- 1 šálka fazuľových klíčkov
- 2 lyžice sezamových semienok, na ozdobu

Rezance namočíme na 15 minút do horúcej vody. Scedíme a prepláchneme pod studenou vodou. Odložte bokom.

V malej miske zmiešajte sójovú omáčku, sezamový olej, cukor, soľ a kajenské korenie a odložte.

Vo veľkej panvici zohrejte 1 polievkovú lyžicu oleja na stredne vysokú teplotu. Pridajte seitan a za stáleho miešania smažte, kým nezhnedne, asi 2 minúty. Odstráňte z panvice a odložte.

Pridajte zvyšnú 1 polievkovú lyžicu repkového oleja do tej istej panvice a zohrejte na stredne vysokú teplotu. Pridajte cibuľu a mrkvu a za stáleho miešania smažte, kým nezmäknú, asi 3 minúty. Pridajte huby, bok choy, zelenú cibuľku a cesnak a za stáleho miešania smažte, kým nezmäknú, asi 3 minúty.

Pridajte fazuľové klíčky a za stáleho miešania smažte 30 sekúnd, potom pridajte uvarené rezance, opečený seitan a zmes sójovej omáčky a premiešajte, aby sa obalila. Pokračujte vo varení za občasného miešania, kým nie sú ingrediencie horúce a dobre spojené, 3 až 5 minút. Preložíme do veľkej servírovacej misy, posypeme sezamovými semienkami a ihneď podávame.

44. Jerk-Spiced Red Bean Chili

Vyrába 4 porcie

- 1 lyžica olivového oleja
- 1 stredná cibuľa, nakrájaná
- 10 uncí seitanu, domáci alebo kúpený v obchode, nasekaný
- 3 šálky uvarených alebo 2 (15,5 uncí) plechovky tmavočervenej fazule, scedené a opláchnuté
- (14,5 unce) drvené paradajky
- (14,5 unce) paradajky nakrájané na kocky, scedené
- (4 unce) môžu nakrájané jemné alebo horúce zelené chilli, scedené
- $^1/_2$ šálky barbecue omáčky, domácej alebo z obchodu
- 1 šálka vody
- 1 lyžica sójovej omáčky
- 1 polievková lyžica čili prášku

- 1 lyžička mletého kmínu
- 1 lyžička mletého nového korenia
- 1 lyžička cukru
- $1/2$ lyžičky mletého oregana
- $1/4$ lyžičky mletého kajenského korenia
- $1/2$ lyžičky soli
- $1/4$ lyžičky čerstvo mletého čierneho korenia

Vo veľkom hrnci zohrejte olej na strednom ohni. Pridajte cibuľu a seitan. Prikryjeme a varíme, kým cibuľa nezmäkne, asi 10 minút.

Vmiešajte fazuľu, drvené paradajky, nakrájané paradajky a čili. Zmiešajte barbecue omáčku, vodu, sójovú omáčku, čili prášok, rascu, nové korenie, cukor, oregano, kajenské korenie, soľ a čierne korenie.

Priveďte do varu, potom znížte teplotu na strednú teplotu a prikrytú varte, kým zelenina nezmäkne, asi 45 minút. Odkryjeme a dusíme ešte asi 10 minút. Ihneď podávajte.

45. Jesenný medley Stew

Pripraví 4 až 6 porcií

- 2 lyžice olivového oleja
- 10 uncí seitanu, doma vyrobeného alebo kúpeného v obchode, nakrájaného na 1-palcové kocky
- Soľ a čerstvo mleté čierne korenie
- 1 veľká žltá cibuľa, nakrájaná
- 2 strúčiky cesnaku, mleté
- 1 veľký červenohnedý zemiak, ošúpaný a nakrájaný na $1/2$ -palcové kocky
- 1 stredný paštrnák nakrájaný na $1/4$ -palcové kocky
- 1 malá maslová tekvica, olúpaná, rozpolená, zbavená semienok a nakrájaná na $1/2$ -palcové kocky
- 1 malá hlávková kapusta nasekaná
- 1 (14,5 unce) konzervy paradajok nakrájaných na kocky, scedené
- 1 $1/2$ šálky uvareného alebo 1 (15,5 unce) plechovky cíceru, scedený a opláchnutý

- 2 šálky zeleninového vývaru, domáceho (pozri Svetlý zeleninový vývar) alebo z obchodu, alebo vody
- $1/2$ lyžičky sušeného majoránu
- $1/2$ lyžičky sušeného tymiánu
- $1/2$ šálky rozdrobených cestovín z anjelských vlasov

Vo veľkej panvici zohrejte 1 polievkovú lyžicu oleja na stredne vysokú teplotu. Pridajte seitan a varte do zhnednutia zo všetkých strán, asi 5 minút. Dochutíme soľou a korením podľa chuti a odstavíme.

Vo veľkom hrnci zohrejte zvyšnú 1 lyžicu oleja na strednom ohni. Pridajte cibuľu a cesnak. Prikryjeme a varíme do zmäknutia, asi 5 minút. Pridajte zemiaky, mrkvu, paštrnák a tekvicu. Prikryjeme a varíme do zmäknutia, asi 10 minút.

Vmiešame kapustu, paradajky, cícer, bujón, víno, majoránku, tymián a podľa chuti soľ a korenie. Priveďte do varu a potom znížte teplotu na minimum. Zakryte a varte za občasného miešania, kým zelenina nezmäkne, asi 45 minút. Pridáme uvarený seitan a cestoviny a dusíme, kým cestoviny nezmäknú a chute sa nepremiešajú, asi o 10 minút dlhšie. Ihneď podávajte.

46. Talianska ryža so Seitanom

Vyrába 4 porcie

- 2 šálky vody
- 1 šálka dlhozrnnej hnedej alebo bielej ryže
- 2 lyžice olivového oleja
- 1 stredne žltá cibuľa, nakrájaná
- 2 strúčiky cesnaku, mleté
- 10 uncí seitanu, domáci alebo kúpený v obchode, nasekaný
- 4 unce bielych húb, nasekaných
- 1 lyžička sušenej bazalky
- $1/2$ lyžičky mletých semien feniklu
- $1/4$ lyžičky drvenej červenej papriky
- Soľ a čerstvo mleté čierne korenie

Vo veľkom hrnci priveďte vodu do varu na vysokej teplote. Pridajte ryžu, znížte teplotu na minimum, prikryte a varte do mäkka, asi 30 minút.

Vo veľkej panvici zohrejte olej na strednom ohni. Pridajte cibuľu, prikryte a varte, kým nezmäkne, asi 5 minút. Pridajte seitan a varte odokryté, kým nezhnedne. Vmiešame huby a varíme do mäkka, asi 5 minút dlhšie. Vmiešame bazalku, fenikel, drvenú červenú papriku a podľa chuti soľ a čierne korenie.

Uvarenú ryžu preložíme do veľkej servírovacej misy. Vmiešame seitanovú zmes a dôkladne premiešame. Pridajte veľké množstvo čierneho korenia a ihneď podávajte.

47. Haš z dvoch zemiakov

Vyrába 4 porcie

- 2 lyžice olivového oleja
- 1 stredne nasekaná červená cibuľa
- 1 stredne nasekaná červená alebo žltá paprika
- 1 uvarený stredne hrdzavý zemiak, ošúpaný a nakrájaný na 1/2-palcové kocky
- 1 uvarený stredný sladký zemiak, olúpaný a nakrájaný na 1/2-palcové kocky
- 2 šálky nasekaného seitanu, domáci
- Soľ a čerstvo mleté čierne korenie

48. Vo veľkej panvici zohrejte olej na strednom ohni. Pridajte cibuľu a papriku. Prikryjeme a varíme do zmäknutia, asi 7 minút.

49. Pridajte biele zemiaky, sladké zemiaky a seitan a dochuťte soľou a korením podľa chuti. Varte odkryté, kým

nezhnedne, za častého miešania asi 10 minút. Podávajte horúce.

48. Kyslá smotana Seitan Enchiladas

PODÁVA 8
INGREDIENCIE

Seitan

- 1 šálka vitálnej pšeničnej lepkovej múky
- 1/4 šálky cícerovej múky
- 1/4 šálky výživného droždia
- 1 lyžička cibuľového prášku
- 1/2 lyžičky cesnakového prášku
- 1 1/2 čajovej lyžičky prášku zo zeleninového vývaru
- 1/2 šálky vody
- 2 polievkové lyžice čerstvo vylisovanej citrónovej šťavy
- 2 lyžice sójovej omáčky
- 2 šálky zeleninového vývaru

Omáčka z kyslej smotany

- 2 polievkové lyžice vegánskeho margarínu

- 2 lyžice múky
- 1 1/2 šálky zeleninového vývaru
- 2 (8 oz) kartóny vegánskej kyslej smotany
- 1 šálka salsa verde (tomatillo salsa)
- 1/2 lyžičky soli
- 1/2 lyžičky mletého bieleho korenia
- 1/4 šálky nasekaného koriandra

Enchiladas

- 2 lyžice olivového oleja
- 1/2 strednej cibule, nakrájanej na kocky
- 2 strúčiky cesnaku, mleté
- 2 čili papričky serrano, mleté (pozri tip)
- 1/4 šálky paradajkovej pasty
- 1/4 šálky vody
- 1 lyžica rasce
- 2 lyžice čili prášku
- 1 lyžička soli
- 15-20 kukuričných tortíl
- 1 (8 oz) balenie Daiya Cheddar Style Shreds
- 1/2 šálky nasekaného koriandra

METÓDA

a) Pripravte seitan. Predhrejte rúru na 325 stupňov Fahrenheita. Prikrytú kastról zľahka naolejujte nelepivým sprejom. Zmiešajte múku, nutričné droždie, korenie a prášok zo zeleninového vývaru vo veľkej mise. Zmiešajte vodu, citrónovú šťavu a sójovú omáčku v malej miske. Mokré suroviny pridáme k suchým a miešame, kým sa nevytvorí cesto. Podľa potreby upravte množstvo vody alebo lepku (pozri tip). Cesto miesime 5 minút, potom sformujeme do bochníka. Vložte seitan do rajnice a zalejte 2 šálkami zeleninového vývaru. Prikryjeme a varíme 40 minút. Bochník otočte, potom prikryte a pečte ďalších 40 minút. Vyberte seitan z misky a nechajte ho odpočívať, kým dostatočne nevychladne.

b) Zapichnite vidličku do vrchnej časti seitanového bochníka a jednou rukou ju podržte na mieste. Pomocou druhej vidličky nastrúhajte bochník na malé kúsky a rozdrobte ho.

c) Pripravte omáčku z kyslej smotany. Vo veľkom hrnci na strednom ohni roztopte margarín. Drôtenou metličkou vmiešame múku a varíme 1 minútu. Za stáleho šľahania pomaly prilievame zeleninový vývar do hladka. Varte 5 minút a pokračujte v šľahaní, kým omáčka nezhustne. Primiešame kyslú smotanu a salsu verde, potom vmiešame zvyšné ingrediencie omáčky. Nenechajte zovrieť, ale varte, kým sa nezohreje. Odstráňte z tepla a odložte.

d) Pripravte enchiladas. Vo veľkej panvici zohrejte olivový olej na strednom ohni. Pridajte cibuľu a varte 5 minút alebo kým nebude priehľadná. Pridajte cesnak a čili papričky Serrano a varte ešte 1 minútu. Vmiešame nastrúhaný seitan, paradajkový pretlak, rascu, čili prášok a soľ. Varte 2 minúty, potom odstráňte z tepla.

e) Predhrejte rúru na 350 stupňov Fahrenheita. Zohrejte tortilly na panvici alebo v mikrovlnnej rúre a prikryte ich kuchynskou utierkou. Rozložte 1 šálku kyslej smotany na dno 5-litrovej zapekacej misy. Na tortillu položte malú 1/4 šálky strúhanej seitanovej zmesi a 1 polievkovú lyžicu Daiya. Zvinieme a vložíme do pekáča švom nadol. Opakujte so zvyšnými tortillami. Enchiladas zakryte zvyšnou kyslou smotanou omáčkou a potom posypte Daiya.

f) Enchiladas pečieme 25 minút alebo kým nebudú bublať a jemne zhnednú. Nechajte 10 minút vychladnúť. Posypte 1/2 šálky nasekaného koriandra a podávajte.

49. Vegánska plnená seitanová pečienka

Ingrediencie

Pre seitan:
- 4 veľké strúčiky cesnaku
- 350 ml zeleninového vývaru studeného
- 2 lyžice slnečnicového oleja
- 1 ČL marmite voliteľné
- 280 g vitálneho pšeničného lepku

- 3 polievkové lyžice výživných vločiek z kvasníc
- 2 ČL sladkej papriky
- 2 ČL práškového zeleninového bujónu
- 1 ČL čerstvého ihličia rozmarínu
- ½ ČL čierneho korenia

Plus:

- 500g Vegánska plnka z červenej kapusty a šampiňónov
- 300 g Pikantné tekvicové pyré
- Metrika – zvyk v USA

Inštrukcie
a) Predhrejte rúru na 180 °C (350 °F/plyn značka 4).
b) Vo veľkej mise zmiešajte vitálny pšeničný lepok, výživné droždie, bujónový prášok, papriku, rozmarín a čierne korenie.
c) Pomocou mixéra (stolného alebo ponorného) premiešajte cesnak, vývar, olej a marmite a potom pridajte k suchým ingredienciám.
d) Dobre premiešajte, kým sa všetko nespojí, a potom päť minút miesime. (poznámka 1)
e) Na veľkom kúsku silikónového pergamenu rozvaľkajte seitan do nejasného obdĺžnikového tvaru, kým nebude hrubý asi 1,5 cm (½").
f) Hojne potrieme tekvicovým pyré a potom pridáme vrstvu kapustovej a hubovej plnky.
g) Pomocou pečiaceho pergamenu a začnite na jednom z krátkych koncov opatrne zrolujte seitan do tvaru polena. Snažte sa pri tom nenapínať seitan. Stlačte konce seitanu k sebe, aby sa uzavreli.

h) Poleno pevne zabaľte do hliníkovej fólie. Ak je vaša fólia tenká, použite dve alebo tri vrstvy.
i) (Zabalím svoju ako obrovskú karamelku – a konce fólie pevne otočím, aby sa nevrátila!)
j) Umiestnite seitan priamo na policu v strede rúry a pečte dve hodiny, pričom ho každých 30 minút otočte, aby sa zabezpečilo rovnomerné varenie a zhnednutie.
k) Keď je upečená, nechajte plnená seitanová pečienka odpočívať v obale 20 minút pred krájaním.
l) Podávajte s tradičnou pečenou zeleninou, pripravenou hubovou omáčkou a akýmikoľvek inými ozdobami, na ktoré máte chuť.

50. Kubánsky sendvič seitan

Ingrediencie

- Mojo pečený seitan:
- 3/4 šálky čerstvej pomarančovej šťavy
- 3 lyžice čerstvej limetkovej šťavy
- 3 lyžice olivového oleja
- 4 strúčiky cesnaku, mleté
- 1 čajová lyžička sušeného oregana
- 1/2 lyžičky mletého kmínu
- 1/2 lyžičky soli
- 1/2 libry seitanu, nakrájaného na plátky hrubé 1/4 palca

Pre montáž:

- 4 (6- až 8-palcové) vegánske podmorské sendvičové rolky alebo 1 mäkký vegánsky taliansky bochník, nakrájaný po šírke na 4 kusy
- Vegánske maslo izbovej teploty alebo olivový olej
- Žltá horčica

- 1 šálka plátkov nálevu s maslom 8 plátkov vegánskej šunky z obchodu
- 8 plátkov vegánskeho syra s jemnou chuťou (preferovaná príchuť amerického alebo žltého syra)

Smery

a) Pripravte seitan: Predhrejte rúru na 375 ° F. V keramickom alebo sklenenom pekáči s rozmermi 7 x 11 palcov vyšľaháme všetky ingrediencie mojo okrem seitanu. Pridajte seitanové prúžky a premiešajte, aby boli pokryté marinádou. Restujeme 10 minút, potom plátky raz obrátime, kým okraje jemne nezhnednú a zostane šťavnatá marináda (neprepiecť!). Vyberte z rúry a nechajte vychladnúť.

b) Zložte sendviče: Každý rohlík alebo kúsok chleba prekrojte vodorovne na polovicu a obe polovice bohato namažte maslom alebo potrite olivovým olejom. Na spodnú polovicu každej rolky natrieme hrubú vrstvu horčice, niekoľko plátkov kyslej uhorky, dva plátky šunky a jednu štvrtinu plátkov seitanu a na vrch položíme dva plátky syra.

c) Naneste trochu zvyšnej marinády na reznú stranu druhej polovice rolky a potom položte na spodnú polovicu sendviča. Vonkajšie strany sendviča potrieme trochou olivového oleja alebo potrieme maslom.

d) Predhrejte 10- až 12-palcovú liatinovú panvicu na strednom ohni. Jemne preneste dva sendviče na panvicu a potom na ne dajte niečo ťažké a žiaruvzdorné, ako je napríklad ďalšia liatinová panvica alebo tehla pokrytá niekoľkými vrstvami odolnej hliníkovej fólie. Sendvič grilujte 3 až 4 minúty a pozorne sledujte, aby sa chlieb nepripálil; ak je to potrebné, znížte teplotu počas pečenia sendviča.

e) Keď chlieb vyzerá opečený, vyberte panvicu/tehlu a pomocou širokej špachtle opatrne otočte každý sendvič. Znova stlačte váhou a varte ďalšie asi 3 minúty, kým syr nie je horúci a roztopený.

f) Odstráňte váhu, preneste každý sendvič na reznú dosku a nakrájajte diagonálne zúbkovaným nožom. Podávajte ho

ZÁVER

Tempeh ponúka silnejšiu orieškovú chuť a je hutnejší a má vyšší obsah vlákniny a bielkovín. Seitan je záludnejší ako tempeh, pretože sa vďaka svojej pikantnej chuti môže často javiť ako mäso. Ako bonus má tiež vyšší obsah bielkovín a nižší obsah sacharidov.

Seitan je najmenej rastlinný proteín, ktorý vyžaduje najmenej prípravy. Zvyčajne môžete mäso nahradiť seitanom v receptoch s použitím náhrady 1:1 a na rozdiel od mäsa ho nemusíte pred konzumáciou zohrievať. Jedným z najlepších spôsobov, ako ho použiť, je ako mrvenička v omáčke na cestoviny.

Pokiaľ ide o tempeh, je dôležité dobre marinovať. Možnosti marinády môžu zahŕňať sójovú omáčku, limetkovú alebo citrónovú šťavu, kokosové mlieko, arašidové maslo, javorový sirup, zázvor alebo korenie. Ak nemáte hodiny na marinovanie svojho tempehu, môžete ho spariť vo vode, aby zmäkol a bol poréznejší.

www.ingramcontent.com/pod-product-compliance
Lightning Source LLC
Chambersburg PA
CBHW070400120526
44590CB00014B/1200